Sylvio Rezende

XADREZ NA ESCOLA

TÉCNICAS DE ABERTURAS E FINAIS

EDITORA CIÊNCIA MODERNA

Xadrez na Escola – Técnicas de Aberturas e Finais

Editor: Paulo André P. Marques
Produção Editorial: Dilene Sandes Pessanha
Capa: Daniel Jara
Diagramação: Greice Marry
Copidesque: Thais da Conceição

FICHA CATALOGRÁFICA

REZENDE, Sylvio

Xadrez na Escola – Técnicas de Aberturas e Finais

Rio de Janeiro: Editora Ciência Moderna Ltda., 2021.

1. Xadrez 2. Educação - Pedagogia

ISBN: 978-65-5842-058-3 CDD 794.1
370

Editora Ciência Moderna Ltda.
R. Alice Figueiredo, 46 – Riachuelo
Rio de Janeiro, RJ – Brasil CEP: 20.950-150
Tel: (21) 2201-6662/ Fax: (21) 2201-6896
E-MAIL: LCM@LCM.COM.BR
WWW.LCM.COM.BR

05/21

A vida é curta demais para
Se conhecer todas as belezas do Xadrez.
Mas a culpa não é do Xadrez e sim da vida.

Lord Byron

Minha contribuição:

DEUS com SUA sabedoria criou o Homem!
O Homem inventou o Xadrez;
O Xadrez, faz o homem PENSAR.
Pensar, torna o homem um Sábio!

Sylvio Rezende

ABREVIATURAS E SINAIS CONVENCIONAIS

Brs	Brancas
Ngr ou Ngrs	Negras
Var	Variante
Gamb	Gambito
ep	captura "en passant" (na passagem)
+	Xeque
++	Xeque Mate
+dpl	Xeque duplo
+ds ou +des	Xeque descoberto
Abd	Abandona
Adv	Adversário
=	Proposta de empate
!	Bom lance
!!	Ótimo lance
?	Lance ruim
??	Lance péssimo
N	Novidade Teórica

PREFÁCIO

O Xadrez é tão vasto em suas possibilidades que aparentemente o seu aprendizado parece demasiadamente complexo para ser entendido por uma criança. Este é um dos muitos mitos sobre a Arte de Caissa.

Comprovando isto (o mito), comecei a ensinar Xadrez ao meu primeiro filho a partir de seus dois anos de idade. Como era uma experiência inteiramente nova, cometi certamente alguns erros; como achando que seria mais fácil com um jogo pequeno "para facilitar" a compreensão dele (As aspas são para justificar a minha decisão que posteriormente descobri ser errada). Tive mais trabalho de impedir que ele pusesse as pecinhas na boca, com risco de engolir, do que propriamente ensinar o jogo.

Rapidamente, assimilou o nome das peças e seus movimentos básicos. Considero que aos 4 anos já sabia jogar porque já tinha noção do valor relativo das peças e não capturava um Peão para perder um Bispo, ou até mesmo uma Dama. Tornou-se um forte jogador, derrotando, muitas vezes, jogadores mais velhos que ele. Por diversas razões, não se dedicou ao Xadrez. O Basquete foi mais atrativo.

Com o sucesso alcançado, não hesitei em repetir a experiência com meu segundo filho: quatro anos mais novo que o irmão. Novamente sucesso alcançado e igualmente forte jogador. Também optou pelo Basquete e não prosseguiu no Xadrez.

Este relato foi o que sempre apresentei a uma das muitas perguntas que tive de responder sobre o Xadrez.

1) Com que idade deve-se aprender a jogar Xadrez?

R.: Atualmente, respondo que a idade ideal é quando aparece o interesse. A idade cronológica é o que menos importa. Contrapondo a precocidade de meus filhos e tantas outras crianças que aprenderam a partir dos 4 anos, tive em um Projeto de Xadrez que desenvolvi no SESC-RIO/RJ com pessoas idosas e entre elas uma senhora com mais de 70 anos que aprendeu a jogar. A alegria dela em mover as peças corretamente, independentemente do resultado na partida, era contagiante.

2) Algumas das perguntas mais frequentes, respondi em Xadrez Pré-escolar:

2.1 – Quando começar a jogar Xadrez?

2.2 – "O Xadrez é para pessoas inteligentes".

Absolutamente errado.

2.3 – "O Xadrez favorece o ensino da Matemática".

Não é errado, mas incompleto!

2.4 – "O Xadrez é para ricos." "Para a elite"

Não só errado, mas absurdo!

2.5 – "O xadrez é para homens."

Erradíssimo e mais absurdo ainda!

2.6 – "O Xadrez pode fazer mal à cabeça".

Errado! Absurdo! Verdadeiro disparate!

As respostas mais detalhadas destas perguntas poderão ser encontradas em Xadrez Pré-escolar, ps. X a XII

REZENDE, Sylvio. Xadrez Pré-escolar. Rio de Janeiro: Ciência Moderna, 2005.

NOVAS PERGUNTAS

Ao pretender desenvolver-se no Xadrez,surgem novas perguntas:

3) É válido decorar partidas de grandes Mestres?

Decorar, não! Estudar, sim!

É um erro decorar uma partida inteira só porque foi jogada por um Grande Mestre, na vã ilusão que serão jogados, os mesmos lances da partida encontrada. Sobre este aspecto na Introdução deste trabalho, relato uma experiência vivenciada por mim em que meu adversário copiou uma partida jogada pelo genial Kasparov.

As partidas dos Grandes Mestres são como um farol que serve para mostrar o caminho, mas os obstáculos a evitar são da responsabilidade de quem "leva o barco".

Partidas de Grandes Mestres são excelentes pelos exemplos e ensinamentos, não só de estratégia como de manobras táticas. Por isto, devem ser estudadas com muita atenção pelo aficionado.

Repito sempre: não fique simplesmente reproduzindo a partida em seu Tabuleiro, estude o porquê de cada lance. Ficar, simplesmente, reproduzindo mecanicamente os lances dos Grandes Mestres servirá quando muito para apreciar a beleza da partida, mas pouco para o seu desenvolvimento.

4) Para que estudar partidas ganhas ou perdidas?

Já diziam os Grandes Mestres do passado como Lasker e Capablanca entre muitos outros: estude sempre as partidas que você jogou – Não só as que perdeu mas também as que venceu. Assim, procedendo, você vai identificar o erro cometido, analisar e encontrar o que deveria ser feito – muitas vezes, alguns lances anteriores ao erro – e assim não repetirá em novas partidas.

O mesmo caso nas partidas vencidas! É analisando as partidas que venceu que o jogador vai se dar conta de, muitas vezes, onde começou realmente sua manobra vencedora! Se foi proporcionada pela sua capacidade de estratégia ou tática, ou se houve alguma "colaboração" por parte de seu adversário em manobra equivocada.

Tive uma partida que venci em apenas 14 lances. (Ver xadrez na escola, p. 124) Analisando a partida posteriormente, encontrei não só a identificação dos erros cometidos como, principalmente, a formulação de um problema de final (que não aconteceu na partida). Veja a solução em PROBLEMAS – 5.7 - p. 103.

5) É válido jogar sozinho?

Recomendo sempre, principalmente, na fase de aprendizagem!

É jogando sozinho que o aprendiz vai se familiarizando com os movimentos das peças e aprendendo a raciocinar de acordo com os lances que já conhece de seu oponente imaginário (Ele mesmo). Por um lado, quando tem que analisar uma posição ou lance de "seu adversário" formulado por ele próprio, aprende-se a jogar em cima de lances já previstos em sua partida real e, mais ainda, na sua partida criativa quando joga-se sozinho, aprende-se a encontrar novas soluções que irão ajudá-lo em uma partida real contra um oponente verdadeiro.

Por outro lado, é jogando sozinho que poderá testar novas ideias e planos de ataque ou defesa para aplicar em uma partida real que estiver jogando. Jogar sozinho, faz parte do treinamento de qualquer atleta.

No Futebol, treina-se sozinho para bater penalidades ou lançamentos para cobrança de faltas. É muito usado não só no Futebol como no Basquete, conduzir a bola driblando cones pelo caminho. Se não fizer isto, jamais será capaz de dar um drible necessário no adversário para concluir um ataque.

No Voleibol, treina-se sozinho exercícios de cortar tendo a bola segura por uma das mãos e batendo na bola com a outra como em uma cortada.

Como também no Saque.

É claro que nestes esportes existem outros atletas fazendo o mesmo exercício, mas cada um sozinho em seus movimentos sem interferência de um oponente.

Nos esportes individuais, como o Atletismo ou Natação, o treinamento na maioria das vezes é do atleta competindo contra ele mesmo tentando reduzir o tempo de sua performance.

Por que então o jogador de Xadrez não pode treinar contra ele mesmo?

Com uma vantagem: qualquer lado que vença (Brancas x Negras) foi ele o vencedor. Este aspecto é muito importante para a autoestima do jogador.

6) Problemas temáticos com menos lances que o proposto.

Sobre esse aspecto, convém sempre esclarecer que problemas temáticos muitas vezes podem ter soluções de Mate em menor número de lances que o proposto no tema, mas não podem ser aceitos como solução se não obedecerem ao tema determinado. Sobre este assunto, sempre recordo o caso de um enxadrista de 14 ou 15 anos, se não me engano, de Pernambuco, que escreveu para a Ciência Moderna criticando a editora por ter publicado um problema de mate em 3 lances e, no entanto, o Mate poderia ser alcançado em apenas dois lances. Os responsáveis pela empresa me pediram para examinar a questão e, rapidamente, vi que o leitor estava certo: poderia haver o Mate em menos lances que o proposto. Com a minha experiência de muitos livros já lidos, recorri ao PREFÁCIO e lá estava a resposta: o autor esclarecia que os problemas temáticos poderiam eventualmente ter Mate em menor número de lances, mas a solução tinha que ser a que obedecesse ao tema e, neste caso, o problema que era da categoria TEMÁTICO estava corretíssimo. Autorizado pelos responsáveis da editora, escrevi em resposta ao reclamante, elogiando a conduta dele mas esclarecendo que o fato era explicado no Prefácio do livro. Naturalmente, o leitor como a grande maioria, pulou o Prefácio e, muitas vezes, também a Introdução. Aprendi a corrigir isto na minha adolescência em um dos muitos romances que li, em que o autor chamava a atenção para este fato: onde tanto o Prefácio como a Introdução são muito esclarecedores sobre o conteúdo do livro.

A partir daquele livro, nunca mais deixei de ler essas duas partes de grande importância para a melhor compreensão da proposta do autor.

FAÇA O MESMO!

7) Exercícios ou problemas já publicados em Xadrez na escola ou em Xadrez Pré-escolar.

   Este esclarecimento procede porque algum enxadrista que tenha um ou outro dos livros citados poderá estranhar a repetição; mas escolhi exatamente aqueles que se enquadravam no tema deste trabalho e, principalmente, por serem inteiramente válidos para a minha proposta de aperfeiçoamento do raciocínio enxadrístico do atleta de Xadrez em potencial.

INTRODUÇÃO

Em "Xadrez na Escola", minha preocupação era o aprendizado e o treinamento básico do Xadrez, voltado primordialmente àqueles interessados em aprender a jogar e/ou a desenvolver seu jogo através de uma forma pedagógica de aprendizado e treinamento. Não havia a preocupação em aprofundamentos teóricos ou táticos.

O resultado foi grandemente satisfatório, proporcionando aos que adotavam tanto Xadrez na escola como Xadrez Pré-escolar, progressos consideráveis em seus conhecimentos e desempenho; tanto como enxadrista, como na tarefa de ensinar o Xadrez de forma pedagógica.

Qual a diferença do Xadrez pedagógico e do Xadrez ensinado ou treinado nos moldes tradicionais?

É que na grande maioria do ensino tradicional, após o aprendizado do movimento das peças, existe a preocupação de familiarizar o aprendiz em diversas aberturas, defesas e demais linhas teóricas de estratégia e tática, levando o aprendiz a emaranhar-se em uma série de linhas teóricas a serem memorizadas e dando a falsa noção que está evoluindo em seu conhecimento.

O problema, é que não adianta decorar partidas, pois as mesmas não se repetirão devido a infinidade de transposições possíveis. Tanto assim que raramente são vistas partidas iguais, apesar de milhões de partidas jogadas diariamente no mundo inteiro.

Sobre este assunto, tive um exemplo prático entre tantos que sempre gosto de lembrar. Jogava eu de Brancas contra um adversário teoricamente mais fraco que eu, e ao meu lance 1.e4 ele respondeu com Cf6 (Defesa Alekhine)! Naturalmente, estranhei a resposta porque presumia que em tão curto espaço de tempo desde seu aprendizado, dificilmente, ele seria capaz de entender a complexidade desta defesa e continuei jogando e explorando as naturais debilidades criadas pelo meu oponente. Resultado: ganhei em menos de 20 lances. Terminando a partida, perguntei a ele por que adotara aquela defesa?

Respondeu-me que tinha visto uma partida de Kasparov de Negras que adotara aquela Defesa e vencido a partida.

Retruquei então: "você esqueceu apenas que eu, sendo muito mais experiente que você, poderia ter visto também a partida e não jogaria os mesmos lances do derrotado. Por outro lado, assim que eu jogasse um lance fora de qualquer lance do adversário de Kasparov, "Kaspa" se levantaria e iria embora deixando você com uma partida inteiramente nova e sem saber o que fazer."

Acrescentei: "jamais jogue uma partida decorada de um jogador vencedor com as mesmas cores que você. Jogue apenas o que você realmente estudou.

Comece do simples, para um dia poder jogar partidas mais complexas."

E isso repito sempre não adianta decorar partidas. Se o Xadrez fosse tão pobre que as partidas se repetissem, ele não teria sobrevivido desde os tempos imemoriais até os dias de hoje.

Outro exemplo de meus favoritos: este sobre o número de lances que um Grande Mestre é capaz de pensar a frente do lance a fazer.

Conta-se que certa vez em uma reunião social, uma senhora perguntou ao genial José Raul Capablanca quantos lances a frente ele era capaz de pensar? Surpreendendo, o Grande Mestre cubano respondeu: lembro de uma partida que eu tinha que fazer meu lance e não tinha qualquer plano mas tinha que jogar, então resolvi fazer um lance **que não contrariava nenhum dos conceitos do Xadrez** era um lance de Peão e ao final, tendo ganho a partida, na análise como sempre fazia, verificou que aquele lance de Peão era o primeiro de uma combinação ganhadora.

De acordo com os grandes Mestres de Xadrez, recomendo sempre:

após jogar uma partida, qualquer que tenha sido o resultado, faça uma análise do que foi jogado. Inicialmente, se possível, logo após junto com seu adversário e, mais tarde, sozinho e com mais calma, analise de novo e anote as observações feitas. Esta é a verdadeira chave do sucesso!

Conheço um grande número de enxadristas que após jogarem suas partidas não querem se dar ao trabalho desta análise.

Resultado: não evoluem significativamente, mantendo-se sempre e inexoravelmente numa posição mediana ou inferior na sua performance geral.

Sumário

CAPÍTULO 1 – ANOTAÇÕES ALGÉBRICAS

Iniciaremos nosso treinamento com a anotação de partidas em algébrico pois, será através dela que o enxadrista poderá anotar suas partidas não só para documentar seu resultado em competições, como para valer-se dessas anotações para estudar os erros e os acertos não só de seus lances, como do adversário; se desejar realmente evoluir no seu rendimento.

Este assunto já foi abordado em Xadrez na Escola e em Xadrez Pré--escolar, mas nunca é demais reforçar o ensinamento. Principalmente, pelo fato de grande quantidade de jogadores, mesmo em partidas oficiais que não dominam corretamente a anotação de partidas; inclusive jogadores já veteranos que não conseguiram mudar da Anotação Descritiva não mais permitida pela FIDE.

Também poderá valer-se da anotação algébrica para estudar partidas jogadas por outros enxadristas. Sejam seus futuros adversários ou mesmo de Grandes Mestres de Xadrez; disponíveis não só em uma grande variedade de livros, como pela Internet.

Então vejamos:

o Tabuleiro de Xadrez tem suas casas alfa numeradas de **a** até **h** nas COLUNAS e de **1** a **8** nas FILAS.

O sentido alfabético, bem como a numeração, é sempre por determinação das regras da FIDE tendo como referência o lado das Brancas.

Com essa disposição, as Brancas ficarão posicionadas nas FILAS 1 e 2 e as Negras no lado oposto do Tabuleiro; nas FILAS 7 e 8.

A maioria dos tabuleiros utilizados nas escolas e, na aprendizagem, tem essa alfa numeração impressa fora do tabuleiro, mas oficialmente não é necessário pois cabe ao jogador memorizar essa particularidade.

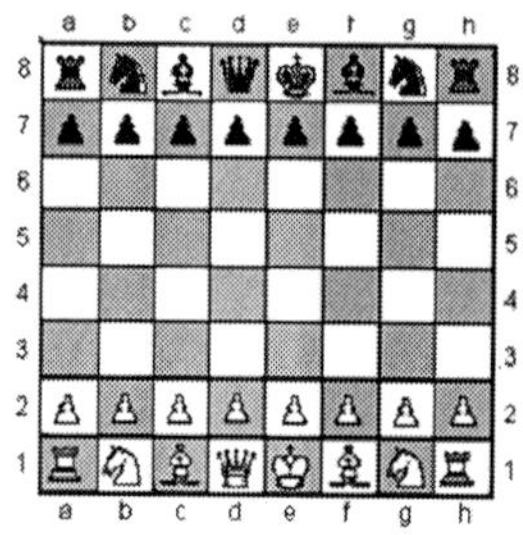

Diagr. 1

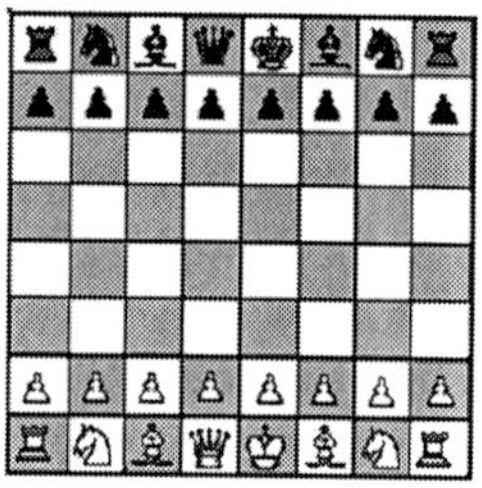

Diagr. 2

Nenhuma partida será anulada, reiniciada ou mesmo interrompida para corrigir a posição do Tabuleiro se inadvertidamente os jogadores posicionarem suas peças ao contrário da numeração normal. (Brancas nas Filas 7 e 8, e Negras nas Filas 1 e 2). Para a Regra, é irrelevante uma vez que esta alfa numeração impressa não é necessária pelas regras da FIDE.

Se formos atentar com excessivo rigor a proibição da FIDE de qualquer anotação fora da planilha que possa servir de auxilio ao jogador, esta alfa numeração do Tabuleiro não deveria ser permitida em competições, pois serve de ajuda para o jogador anotar seus lances corretamente. Seria, como disse, excessivo rigor que só traria prejuízos ao livre desenvolvimento do Xadrez junto aos aficionados.

- PARA ANOTAR A COLOCAÇÃO DAS PEÇAS:

a) Anota-se primeiro a letra inicial **MAIÚSCULA** que identifica a peça:
Rei = R
Dama ou Rainha = D
Torre = T
Bispo = B
Cavalo = C
Peão = P [1]

b) A seguir anotar a letra **MINÚSCULA** da Coluna que a peça ocupa;e
c) Finalmente anotar o **NÚMERO** da Fila ocupada pela peça.

NOTA 1: as regras da FIDE procuram reduzir, na medida do possível, o tempo gasto pelo jogador para anotar seus lances. Sendo assim, dis-

pensa anotar a letra P de Peão. Se um lance ou anotação não tiver letra maiúscula inicial, já fica entendido que foi lance de Peão ou anotação de posição de Peão.
Porém, quando se trata de período de aprendizagem, recomendo sempre habituar o aluno a anotar a letra P do Peão para facilitar o processo da aprendizagem.

Ex.: O jogador deseja colocar as peças brancas com o Rei na casa e3, um Peão na casa e4 e outro na casa d5. Basta anotar Re3, e4, d5 ou Re3, Pe4, Pd5. Na colocação das peças, é opcional a ordem da anotação das posições. Cada jogador cria seu próprio modo de anotar. Ou pelas Filas ou pelas Colunas, ou pelo valor das peças etc.

Vejamos dois exemplos:

Exemplo nº 1:

a) Brancas: Re4,e2,h4 ou Re4,Pe2,Ph4
   Negras: Re6,e5,h5 ou Re6,Pe5,Ph5
b) Brancas: e2,Re4,h4 ou Pe2,Re4,Ph4
   Negras: e5,h5,Re6 ou Pe5,Ph5,Re6
c) Em meu trabalho técnico-pedagógico, criei um método mais simples de anotar as posições das peças que recomendo sempre – Método Linear.
   Re4,e2,h4//Re6,e5,h5 ou Re4,Pe2,Ph4// Re6,Pe6,Ph5

Anota-se as Brancas antes das barras // as Negras após.

Exemplo nº 2:

a) Brancas: Rc7,Cc6,Bg4,Ph6 (ou h6)
   Negras: Re8,Bf8,Th8,a7 (ou Pa7),Cb6
   Como podemos ver facilmente, o processo linear torna mais rápido a anotação.
b) Rc7,Cc6,Bg4,Ph6 (ou h6)// Re8,Bf8,Th8,Pa7(ou a7),Cb6
   Vejamos no Tabuleiro, a posição acima nas diversas formas descritas:

EXEMPLO 1

Diagr. 3

EXEMPLO 2

Diagr.4

Nos próximos exercícios adotarei apenas a forma de anotação oficial, não escrevendo a letra do Peão para familiarizá-lo com a forma oficial.

EXERCÍCIOS:

1. Na posição do exemplo nº 1, qual o resultado da partida?
   a) Brancas jogam e ganham
   b) Negras jogam e ganham
   c) Não importa quem jogue. Brancas vencem sempre
   d) Não importa quem jogue. Negras vencem sempre
   e) EMPATE

   Explique cada uma de suas afirmações com a sequência de lances correspondente.

2. Na posição do exemplo nº 2, vence quem joga. Como?
   Brancas Resp.:
   Negras Resp.:

3. Brancas jogam: #1 (Mate direto em 1 lance)

3.1

3.2

3.3

4. Existe outro método de anotação chamado Forsyth ("Forsaite") e muito empregado em partidas suspensas.

Iniciando da Fila 8 da esquerda para a direita (da Coluna a para h).
As casas vazias sucessivas são indicadas pelo numeral correspondente ao número de casas vazias.
As peças brancas são indicadas por letras maiúsculas e as pretas por letras minúsculas.
Cada Fila anotada é separada por um traço.
As posições acima, nos exemplos dos diagramas 3 e 4, seriam anotadas da seguinte forma em Forsyth.
Exemplo 1: 8-8-4r3-4p2p-4R2P-8-4p3-8
Exemplo 2: 4rb1t-p1R5-1cC4P-8-6B1-8-8-8

- ANOTAÇÃO DE PARTIDAS

Este tema, também já foi explicado em Xadrez na escola (REZENDE, Sylvio); mas aproveitaremos aqui para fazer uma revisão, incluindo a anotação na planilha de Xadrez.

Para anotar uma partida é obrigatório anotar cada lance executado e, de acordo com a regra, deve-se anotar o lance após ser executado no Tabuleiro. Tanto das Brancas, como das Negras.

Ao final da partida, informar o resultado: 1x0, 0x1 ou em caso de Empate, 0,5 x 0,5.

Os dois jogadores deverão ao final, assinar tanto a planilha (súmula) do jogador de Brancas como a do jogador de Negras.

Como anotar o lance:

Forma simplificada:

a) Escrever INICIAL MAIÚSCULA da Peça que foi movida

b) Escrever a **letra minúscula da COLUNA** da casa de destino

c) Escrever o número da Fila da casa de destino

Vejamos como anotar uma partida:

Partida Modelo

O jogador de Brancas faz seu primeiro lance, jogando seu Peão de e2 (Peão do Rei) para e4.

Ambos os jogadores anotam:

1.e4,

A seguir, o jogador de Negras joga seu Peão de e7 (Peão do Rei) para e5;

Ambos anotam e5 em seguida ao lance anotado 1.e4.

Cada jogador terá em sua anotação: 1.e4,e5.

A seguir, as Brancas jogam seu Cavalo de g1 na casa f3 e as Negras respondem com seu Cavalo de b8 na casa c6 – 2.Cf3,Cc6;

A anotação fica:

Anotação Linear: 1.e4,e5; 2.Cf3,Cc6;

Anotação em Coluna: 1.e4,e5
2.Cf3,Cc6;

Anotação fracionária: 1. $\frac{e4}{e5}$ 2. $\frac{Cf3}{Cc6}$

Normalmente em uma competição oficial ou não, o Árbitro distribui para cada jogador, uma súmula (planilha de anotação) com as informações necessárias já impressas.

1.1. MODELO DE UMA SÚMULA DE XADREZ

Veja como fica a anotação na Súmula.

Naturalmente, ambos os jogadores preenchem a súmula com os dados necessários nos espaços em branco.

Cada jogador é obrigado pela regra da FIDE a anotar cada movimento logo após a sua execução no Tabuleiro. Caso algum jogador deixe de anotar um ou mais lances, será obrigado a atualizar a planilha (súmula) em seu próprio tempo de reflexão **antes de efetuar o seu lance**. Caso se recuse, poderá ser advertido pelo Árbitro com punição no tempo do infrator. A reincidência poderá acarretar em perda da partida.

<table>
<tr><td colspan="2">APETX</td><td colspan="5">ASSOCIAÇÃO DOS PROFISSIONAIS DO ENSINO, TREINAMENTO E DESENVOLVIMENTO DO XADREZ
www.apetx.com.br ou www.apetx.org.br</td></tr>
<tr><td colspan="4">Prova:</td><td colspan="3">Data: / /</td></tr>
<tr><td colspan="3">Local:</td><td>Rodada:</td><td>Mesa:</td><td colspan="2">Hora:</td></tr>
<tr><td colspan="3">BRANCAS:</td><td>CLUBE</td><td>Nº</td><td>RATING</td><td>ESCORE</td></tr>
<tr><td colspan="3">NEGRAS:</td><td>CLUBE</td><td>Nº</td><td>RATING</td><td>ESCORE</td></tr>
<tr><td>BRANCAS</td><td>X</td><td>NEGRAS</td><td>BRAN-CAS</td><td>X</td><td colspan="2">NEGRAS</td></tr>
<tr><td>e4</td><td>1</td><td>e5</td><td></td><td>36</td><td colspan="2"></td></tr>
<tr><td>Cf3</td><td>2</td><td>Cc6</td><td></td><td>37</td><td colspan="2"></td></tr>
</table>

	3			38	
	4			39	
	5			40	
	6			41	
	7			42	
	8			43	
	9			44	
	10			45	

1.2. LANCE DE CAPTURA

Para indicar uma captura de peça, anota-se um **x** após a letra MAIÚSCULA que indica a peça que vai capturar..

Ex. Na partida iniciada acima, o jogador de Brancas faz seu terceiro lance movendo seu Peão de d2 (Peão da Dama) para d4 e anota 3.d4.

O jogador de Negras por sua vez, resolve capturar o Peão em d4 com seu Peão de e5.

A anotação fica: 3.d4,exd4;

Já em outro exemplo a seguir, o jogador de Brancas resolve capturar o Peão em d4 com seu Cavalo de f3.

Ambos anotam: 4.Cxd4. O jogador de Negras por sua vez, resolve capturar o Cavalo em d4. A seguir, o jogador de Brancas faz o mesmo com sua Dama.

Teremos assim os lances anotados (forma linear): 1.e4,e5; 2.Cf3,Cc6; 3.d4,exd4; 4.Cxd4,Cxd4; 5.Dxd4.

1.3. LANCES ESPECIAIS – ROQUE

O Roque é um movimento de Rei. Executado pelo Rei e pela Torre no mesmo lance (ao mesmo tempo). Pode ser feito com a Torre da Ala do Rei – Roque Menor ou pequeno Roque, ou pode ser feito com a Torre da Ala da Dama – Grande Roque ou Roque maior.

Pequeno Roque 0-0
Grande Roque 0-0-0

Poderá reparar, observando no Tabuleiro, que estes zeros representam as casas vazias entre o Rei e a Torre correspondente para que o Roque seja realizado.

Não vou aqui me alongar em maiores explicações sobre o Roque. Poderá ser visto em **Xadrez na escola** ou em **Xadrez Pré-escolar** ambos de minha autoria.

Continuaremos em nossa partida hipotética para exemplificar os ensinamentos: NOTE BEM – a partida é de apoio para exemplificar os diversos ensinamentos sobre anotação; não há a preocupação em obedecer a critérios técnicos de desenvolvimento, porém segue o mesmo raciocínio quando jogada por aprendizes.

> 1.e4,e5; 2.Cf3,Cc6; 3.d4,exd4; 4.Cxd4,Cxd4; 5.Dxd4,c5; 6.Da4,Ce7; 7.Bc4,Cc6; 8.Db3,Ce5; 9.f4,Cxc4; 10.Dxc4,b6;11.0-0,Bb7; 12.Cc3,Dc7; 13.Be3,0-0-0; 14.g4,Be7; 15.Cd5,Bxd5; 16.Dxd5,Bh4? (Observe: Dama branca centralizada e atacando f7. Be3 com ação no Centro. 16...,Bh4? O Bispo não tem o que fazer em h4. Era preferível jogar Bf6 atacando b2 e preparando para d6 com ação no Centro. A ideia do Bh4 era evitar uma possível Te1, mas isso é querer jogar pelo adversário; erro comum no principiante).
>
> 17.Bf2,g5; 18.Bxh4,gxh4 (por que não 18.fxg5? – fxg5, quebraria a estrutura dos Peões brancos. Bxh4 cria dois Peões passados enquanto as Ngrs ficam com dois Peões dobrados na Coluna h e bloqueados por um único Peão – Um Peão que segura dois: Capablanca);
>
> *19.Dxf7,Tdf8; 20.Dd5,h5; 21.Da8+,Db8; 22.Dxb8+,Rxb8. Com a superioridade de Peões na Ala do Rei, as Brancas tratam de forçar a troca das Damas garantindo um Final superior.*
>
> 23.g5,b5; 24.h3,c4; 25.c3,a6. Aqui poderia jogar 26.a4 forçando uma ruptura mobilizando a Torre da Dama – Torre de a1 – mas é preferível valorizar a flagrante superioridade na Ala do Rei com os três Peões unidos e apoiados. Há um equilíbrio na Ala da Dama, então o mais correto é investir onde se está mais forte.
>
> 26.Tf3,Thg8.

CAPTURA NA PASSAGEM ("en passant") – pode ser feita quando um Peão, usando o Lance Especial de saltar uma Fila quando de seu primeiro lance atravessar uma casa atacada por Peão adversário.

> Ex: O jogador de Brancas em seu lance 27 resolve avançar duas casas com seu Peão de b2, indo para b4 ultrapassando a casa b3, atacada pelo Peão preto de c4.

Neste momento (*tem que ser no lance imediato*), o jogador de Negras pode-se achar conveniente, capturar o Peão adversário que jogou para b4 e anota da seguinte forma: cxb3 e.p.

Voltemos a nossa partida:

27.b4,**cxb3 e.p.**; 28.axb3 (ou axb),Rb7; observe: Enquanto todas as peças pretas estão em ação defensiva, as Brancas têm suas Torres e Peões da Ala do Rei em ação de ataque.

29.Td1,Tf7; 30.e5,Tg6; 31.Td6,Txd6; 32.exd6,Rc6; a troca das Torres reduziu a força de ataque das Negras.

33.f5,Rxd6; 34.Rf2,Re7; 35.Te3+,Rd8 36.f6,a5; 37.Rf3,d6; 38.Rf4,Rd7; (*Nos finais de partida, o Rei é uma importante peça na ação de apoio ao ataque*).

39.Rf5,b4; 40.cxb4,axb4; 41.g6,Tf8; 42.f7,d5; 43.Rf6,d4.

1.4. PROMOÇÃO DE PEÃO

Sempre que um Peão chegar na última Fila, ele é promovido. Neste caso, para qualquer peça diferente de Rei e logicamente de Peão como finalização do lance. Para isto, o jogador pega por sua livre escolha a peça necessária à promoção do seu Peão, retira o Peão do Tabuleiro e na mesma casa em que estava (casa da promoção) coloca a peça escolhida. Somente após colocar a nova peça e soltá-la no lugar correto, o lance estará concluído e, só então, poderá acionar o relógio se houver e anotar o lance na planilha.

A Anotação do lance de promoção é feita da seguinte forma:

Escreve o lance executado com o Peão e a seguir a letra maiúscula da nova Peça.

Ex.: O jogador pegou seu Peão que estava na casa c7 e avançou para a c8 e preferiu promovê-lo como Cavalo.

Anota na planilha (ou no caderno) c8C.

Antigamente, era usado o sinal matemático de igual (c8=C) mas a FIDE só utiliza esse sinal para proposta de empate que deverá ser anotado na planilha por ambos os jogadores, no momento do lance em que foi feita a proposta.

Prosseguindo a partida:

Agora as Brs podem liquidar a partida! O Peão passado das Ngr não preocupa pela força dos Peões em f7 e g6 apoiados pelo Rei.

44.Te8,Txe8; 45.**fxe8B**+ (*O Peão foi promovido a Bispo dando Xeque ao Rei adversário*);

45....,.Rxe8; 46.g7,d3; 47.g8D+,Rd7; 48.Dd5+,Rc7; 49.Dxd3.

Neste momento, um enxadrista experiente, se já não tivesse abandonado uma "partida perdida", abandonaria agora. Mas, é uma partida de princip**iantes** e o jogador de Negras aprendeu que mesmo "perdido" deve continuar jogando até levar Mate, pois assim, **desenvolverá o seu raciocínio defensivo** e aprenderá, contra um jogador mais forte, manobras de ataque e de defesa que poderão ser úteis para seu aprendizado em partidas posteriores.

Assim, o raciocínio continua:

> 49....,Rc6; 50.Dc4+,Rb6; 51.Dxb4+,Ra7; O jogador de Brancas, por sua vez, resolve tripudiar de seu adversário. Muito comum não só entre principiantes!
>
> 52.Dxh4,Rb7; 53.Dxh5,Rb6; 54.b4,Rc6; 55.Dc5+Rb7; 56.h4,Ra6; 57.h5,Rb7; 58.b5.Ra8; 59.h6,Rb8; 60.h7,Rb7; 61.h8D??

As Brancas, na ânsia de humilhar seu adversário, jogam intempestivamente e erram; "afogando" o Rei adversário que não está levando Xeque e não tem como mover. Rei Afogado. EMPATE.

Vejamos como ficará a PLANILHA desta partida.

ASSOCIAÇÃO DOS PROFISSIONAIS DO ENSINO, TREINAMENTO E DESENVOLVIMENTO DO XADREZ
www.apetx.org.br

Prova:		Data / /		
Local:	Rodada	Mesa	Hora	Escore
BRANCAS: NOME DE A	CLUBE	Nº	Rating	0,5
NEGRAS: NOME DE B	CLUBE	Nº	Rating	0,5

BRANCAS	X	NEGRAS	BRANCAS	X	NEGRAS
e4	1	e5	f6	36	a5
Cf3	2	Cc6	Rf3	37	d6
d4	3	exd4	Rf4	38	Rd7
Cxd4	4	Cxd4	Rf5	39	b4
Dxd4	5	c5	cxb4	40	axb4
Da4	6	Ce7	g6	41	Tf8
Bc4,	7	Cc6	f7	42	d5
Db3	8	Ce5	Rf6	43	d4
f4	9	Cxc4	Te8	44	Txe8
Dxc4	10	b6	fxe8D+	45	Rxe8
0-0	11	Bb7	g7	46	d3
Cc3	12	Dc7	g8D+	47	Rd7

Be3	13	0-0-0	Dd5+	48	Rc7
g4	14	Be7	Dxd3	49	Rc6
Cd5	15	Bxd5	Dc4+	50	Rb6
Dxd5	16	Bh4	Dxb4+	51	Ra7
Bf2	17	g5	Dxh4	52	Rb7
Bxh4	18	gxh4	Dxh5	53	Rb6
Dxf7	19	Tdf8	b4	54	Rc6
Dd5	20	h5	Dc5+	55	Rb7
Da8+	21	Db8	h4	56	Ra6
Dxb8+	22	Rxb8	h5	57	Rb7
g5	23	b5	b5	58	Ra8
h3	24	c4	h6	59	Rb8
c3	25	a6	h7	60	Rb7
Tf3	26	Thg8	h8D??	61	Empate
b4	27	cxb3 e.p.		62	
axb3	28	Rb7		63	
Td1	29	Tf7		64	
e5	30	Tg6		65	
Td6	31	Txd6		66	
exd6	32	Rc6		67	
f5	33	Rxd6		68	
Rf2	34	Re7		69	
Te3+	35	Rd8		70	
(Nome do Árbitro da partida quando houver)					

Absurdo? Já vi acontecer parecido muitas vezes. Muito comum o jogador fazer 3 Damas e de repente descobre que afogou o Rei adversário.

Também já vi, em jogo de Campeonato Brasileiro Escolar, um jogador com Rei e 2 Torres contra Rei e 3 Peões, não saber o que fazer e acabou empatando a partida. Muitas vezes com 2 Torres contra Rei, não saber como dar Mate. É só usar o Mate de Escada (Ou Mate de Escadinha) etc.

É claro, em partidas entre aprendizes e principiantes. Mas, esse é o nosso tema inicial.

NOTA: COMO PREENCHER A SÚMULA (planilha).

Prova: Escrever o nome do torneio (Ex: Torneio Interno de Treinamento)

Data: Data de realização da partida (Dia/Mês/Ano)

Local: Escrever o local de realização da partida

Rodada: Tratando-se de Torneio, indicar o nº da rodada

Mesa: Informar o nº da mesa indicada no mapa da rodada afixado no quadro (se houver)

Hora: Indicar a hora de início da rodada (ou partida)

BRANCAS: Nome do Jogador que joga de Brancas (Jogador A)

NEGRAS: Nome do Jogador que joga de Negras (Jogador B)

Clube: Nome do Clube ou Turma a que pertence o jogador correspondente

Nº : Número do jogador indicado no Quadro da competição

Rating: Indicar o *rating* do jogador se tiver

Só para lembrar: "*Rating* é uma pontuação numérica calculada em uma série de operações matemáticas de acordo com o desempenho do jogador em diversas competições. A FIDE adotou e recomenda às demais federações, a utilizar o Sistema ELO (Arpad E. Elo) para cálculo do *rating*, mas existem outros sistemas de cálculo não reconhecidos pela entidade." (REZENDE,Sylvio – Xadrez Pré-escolar, p. 115).

Escore: Indicar o resultado da partida. Em nosso exemplo, 0,5.

Nos casos onde há um vencedor, anota-se **1** no escore de vencedor e **0** no escore do derrotado.

Ao final da partida, ambos os jogadores deverão assinar a súmula preferencialmente abaixo do último lance. **Nunca sobre os lances anotados.**

1.5. SOLUÇÕES DO CAPÍTULO I

EXERCÍCIOS:

1. Na posição do Exemplo 1, qual o resultado da partida?
   Exemplo 1........p. 5.
   a) Os Reis estão em Oposição, então para ganhar as Brancas precisam ganhar um tempo. Conseguem isto, movendo o Peão. 1.e3,Rf6 (O Rei Inferior, não pode afastar-se de seu Peão e precisa posicionar-se para atacar o Peão adversário de h4 como tentativa de contra-ataque); 2.Rd5,Rf5; 3.e4+,Rg4; 4.Rxe5,Rxh4; 5.Rf4,Rh3; 6.e5,h4; 7.e6,Rg2: 8.e7,h3; 9.e8D,h2; 10.De2+ e as Brancas vencem. Se 10....,Rg1;

11.Rg3,h1D; 12.Df2++. As negras podem promover Cavalo, mas só adiam o mate: Ex.: 11...,h1C+; 12.Rf3,Cf2; 13.Dxf2+,Rh1; 14.Dg2++

b) Falso. 1....,Rf6; 2.Rd5,Rf5; 3.e4+ e voltamos à posição anterior com vitória das Brancas.

c) Verdadeiro

d) Falso

e) Falso

2. Na posição do Ex. 2, vence quem joga. Como?

   Brancas: 1.Bh5++

   Negras: a) 1....,Th7+; 2.Rb8,Bd6++

   1...,Th7+; 2.Ce7,Txe7+; 3.Rc6,Rd8; 4.Bf5,Bxh6 e as Negras vencem sem dificuldade;

3. Brancas jogam # 1

   3.1 – 1.c8C++

   3.2 – 1.f4 ++ desc

   3.3 – 1.dxe6 ep ++

CAPÍTULO 2 – PRINCÍPIOS BÁSICOS

Iniciaremos nosso treinamento com uma revisão dos princípios básicos do Xadrez que poderão ser estudados com maior profundidade em Xadrez Pré-Escolar.

- **O TABULEIRO** – O Tabuleiro de Xadrez não deve ser visualizado como um simples quadrado com 64 casas quadradas, mas como um campo de combate formado por 64 casas claras e escuras alternadamente, com suas ruas e caminhos representados pelas COLUNAS, FILAS e DIAGONAIS.

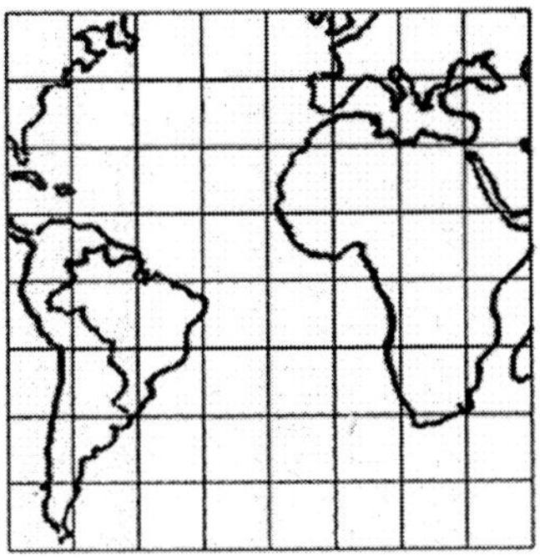

O Jogo de Xadrez, em sua essência, é um jogo de combate entre dois exércitos. Logo, o confronto se realiza em um campo de batalha e como tal, o Tabuleiro de Xadrez deve ser visto como um **mapa de uma região** devidamente traçado com linhas de Latitude e Longitude; como um verdadeiro mapa geográfico.

Com este ponto de vista, as **Filas**, **Colunas** e **Diagonais**, devem ser vistas como os caminhos (Trilhas, Ruas, Estradas, Avenidas) a serem percorridos pelas peças de Xadrez, em busca do seu objetivo.

- Por sua vez, este "Campo de Combate" (ou Campo de Jogo), a exemplo de outros esportes, tem também suas áreas internas: CENTRO, ALA DO REI, ALA DA DAMA, ZONA DE DEFESA, ZONA DE ATAQUE e os QUADRADOS DE CANTO. Cada uma dessas áreas, com sua especificidade e importância na elaboração do Plano de Jogo do praticante.

- Vejamos, resumidamente, a finalidade dessas áreas:

CENTRO – Formado pelas casas centrais do Tabuleiro. É de um modo geral, o objetivo de ambos os jogadores ao iniciar a partida. Seus primeiros lances devem ser orientados para conseguir, rapidamente, o **CONTROLE DO CENTRO**.

➡ QUEM TIVER O CONTROLE DO CENTRO, TEM MAIORES PROBABILIDADES DE VENCER A PARTIDA.

Esta é a principal razão da maioria das partidas serem iniciadas com um lance de Peão saltando para uma Casa Central. Para isto, utilizando o Peão do Rei ou Peão da Dama.

2.1. ALAS DO REI E DA DAMA

São formadas pela linha divisória que divide o tabuleiro em duas partes iguais indo da Fila 1 até a Fila 8. A Ala do Rei é aquela em que fica o Rei e a Ala da Dama é a que fica a Rainha ou a Dama

➡ AS ALAS SERVEM PARA LANCES DE ATAQUE OU DEFESA QUANDO O CENTRO ESTIVER BLOQUEADO OU SOB O DOMÍNIO DO ADVERSÁRIO

Foi obedecendo, por um lado, a estes princípios que surgiram diversas Aberturas e Defesas como: Abertura Inglesa, Gambito do Rei, Gambito da Dama, Bird etc

Por outro lado, a Defesa Siciliana, Caro Khan, Índia do Rei, Índia da Dama etc.

Maiores detalhes sobre as Áreas e sua importância poderão ser encontradas em Xadrez na Escola e em Xadrez Pré-escolar.

Ver: REZENDE, Sylvio. Xadrez na escola 2ed. Rio de Janeiro: Ed.Ciência Moderna, 2013.
REZENDE, Sylvio. Xadrez Pré–Escolar. Rio de Janeiro: Ed.Ciência Moderna, 2005.

Vejamos alguns exemplos:

2.2. CONTROLE DO CENTRO

ABERTURA ITALIANA – A Abertura Italiana é uma das mais fortes Aberturas que iniciam com o movimento do Peão em frente ao Rei (Peão do Rei). Gosto, particularmente, dela porque sempre que tenho um aprendiz de Xadrez, quando recomendo a ele jogar os primeiros lances que **atendam me-**

lhor aos 4 princípios da Abertura, invariavelmente, o aprendiz conduz suas peças para a posição inicial da Italiana.

Então pergunto: Sabe o nome desta Abertura? Claro, a resposta é não.

Completo então: esta é Abertura Italiana, uma das mais fortes Aberturas do Xadrez. Veja só! Quando você jogou os lances que melhor atendiam aos **princípios da Abertura**, sem ter conhecimento da Abertura Italiana, jogou corretamente seus 3 primeiros lances.

Ou seja, melhor que conhecer nomes de Aberturas e Variantes, é conhecer os **Conceitos do Xadrez**. Os nomes das Aberturas virão gradualmente com os estudos e a prática constante.

Exemplo de uma partida:

1.e4,e5; 2.Cf3,Cc6; 3.B4b.

Vejamos a análise dos lances iniciais:

1.e4,e5 – As Brancas têm o primeiro lance e, de acordo com os Princípios da Abertura, procuram de imediato **CONTROLAR O CENTRO** do Tabuleiro. As Negras jogando depois procuram o **EQUILÍBRIO DAS AÇÕES** jogando também seu Peão no Centro ao mesmo tempo em que bloqueiam novo avanço do Peão adversário.

Analisando e4 – Este lance obedece ao 1° Princípio da Abertura ocupando o Centro do Tabuleiro.

1° Princípio da Abertura – Controle do Centro

Obedece também ao 2° Princípio, pois em seu movimento libera o Bispo do Rei e proporciona mais uma casa para o Cavalo.

2° Princípio: Desenvolver Cavalos e Bispos.

Poderemos também observar que no momento que libera o Bispo, está favorecendo a execução rápida do Pequeno Roque (0-0).

3° Princípio: Preparar o Roque

Ou seja, é um lance perfeito pois atende a 3 dos 4 princípios da Abertura.

Recordando:

2.3. PRINCÍPIOS DA ABERTURA

1° - Controle do Centro

2° - Desenvolvimento de Cavalos e Bispos (preferencialmente nesta ordem)

3° - Preparação do Roque

4º - Execução do Roque (preferencialmente nos dez primeiros lances).

(Ver mais detalhes em REZENDE, Sylvio – Xadrez na escola, 2 ed. ps, 104 a 106)

As Negras, por sua vez, e pelas mesmas razões, jogam seu Peão em e5 equilibrando as ações – **Princípio do Equilíbrio.**

Continuando:

2.Cf3, Cc6 – As Brancas jogam o Cavalo em f3, por quê?

O Peão preto de e5 está desprotegido, então, com a vantagem inicial de seu primeiro lance, partem para a ofensiva e, obedecendo ao 2º princípio, desenvolvem o Cavalo.

Poderemos observar também que neste lance obedece ao 1º Princípio, ao 2º, ao 3º e também ao 4º, agilizando a execução do Roque.

As Negras, forçadas a defenderem seu Peão (**Princípio da Emergência**), têm diversos lances disponíveis.

Vejamos:

a) 2....., d6 – defende o Peão desenvolvendo o Bispo da Dama, mas com a desvantagem de bloquear a passagem do Bispo do Rei e, com isso, **restringindo a ação de suas próprias peças**, que deve ser evitado sempre que possível.

b) 2...., Be6 – defende o Peão, desenvolve o Bispo do Rei, mas impede a saída do Peão da Dama e com isso vai atrasar o desenvolvimento do Bispo de c8 (Bispo da Dama). Se defender com De7 ou Df6, prejudica o desenvolvimento do Bispo de f8 ou do Cavalo de g8. Pior, contraria uma das recomendações da Abertura. Evitar lances de Dama no início da partida para não expor a Dama a ataques constantes com muitas peças no Tabuleiro (Saída Prematura da Dama).

c) 2...., f6? – este lance, aparentemente, também defende o Peão atacado, mas tem o grave inconveniente de expor a Ala do Rei à fortes ataques do adversário, além de tirar do Cavalo do Rei, sua melhor casa de desenvolvimento inicial.

d) 2....,Cc6 – defende o Peão (Princípio da Emergência), desenvolve o Cavalo (2º Princípio), atua no Centro (1º Princípio) e caso as Negras resolvam executar o 0-0-0, também agiliza esta ideia.

Fiquemos pois, com este lance.

2....,Cc6

Para o 3º lance, aproveitando a iniciativa que o primeiro lance proporcionou, as Brancas, seguindo o raciocínio dos 4 princípios da Abertura, jogam **3.Bc4** adotando a Abertura Italiana.

Aqui, as Negras têm novamente diversas opções:

a) Observando o Peão de e4 desprotegido, analisam iniciar um contra ataque com seu cavalo do Rei com **3....,Cf6.**

O lance não é ruim, eu mesmo jogo muitas vezes como provocação ao adversário, porém, permite o Ataque Fegatello já estudado em **Xadrez na Escola**. O que vai obrigar as Negras a lances de grande precisão para evitar uma derrota prematura. A polêmica existe. Ruim para as Negras x Ruim para as Brancas. Você poderá descobrir com suas próprias experiências, mas primeiro faça como eu fiz: estude exaustivamente as duas opções.

a) Desejando, porém, seguir a recomendação geral de primeiro procurar equilibrar as ações para depois partir para manobras de ataque e ser fiel aos princípios da Abertura no ponto de vista das Negras acrescidos de Equilíbrio da Posição, observe: as Brancas jogaram um Peão, um Cavalo e um Bispo; então decidem jogar:

3....,Bc5

Este lance que caracteriza o **Giuoco Piano** tem recebido há muitos anos a preferência da grande maioria de jogadores. Sua eficácia na defesa das Negras é tão reconhecida, que muitos em vez de designar como Defesa, tratam como Abertura Giuoco Piano. Eu prefiro tratar como Defesa Giuoco Piano porque o que sempre caracteriza as Aberturas é um lance das Brancas, enquanto as Defesas são caracterizadas por um lance das Negras. Desta forma, o Giuoco Piano é, na realidade, uma DEFESA para enfrentar a ABERTURA ITALIANA jogada pelas Brancas.

2.3.1 ERROS NA ABERTURA

Um erro comum nos principiantes é ficar imitando os lances do adversário, na ingênua ilusão que assim conseguirá um empate ou até vencer a partida contra adversário mais forte. Vejamos dois exemplos:

Exemplo nº 1

Abertura dos Quatro Cavalos

1.e4,e5; 2.Cf3,Cc6; 3.Cc3,Cf6; 4.Bb5,Bb4; 5.0-0,0-0; 6.d3.d6; 7.Bg5,Bg4; 8.Cd5!,Cd4; 9.c3,c6; 10.Dd2,Dd7; 11.Bxf6,Bxf3; 12.Dg5,Dg4?; 13.Ce7+,Rh8; 14.Bxg7++

Exemplo nº 2

Abertura dos Quatro Cavalos

1.e4,e5; 2.Cf3,Cc6; 3.Cc3,Cf6; 4.Bb5,Bb4; 5.0-0,0-0; 6.d3.d6; 7.Bg5,Bg4; 8.Cd5!,Cd4; 9.Cxb4,Cxb5; 10.Cd5,Cd4; 11.Dd2,Dd7; 12.Bxf6,Bxf3; 13.Ce7+,Rh8; 14.Bxg7+Rxg7; 15.Dg5+,Rh8; 16.Df6++

Exemplo nº 3

Defesa Petrof (Partida Russa)
(Cilada de Marshall)

1.e4,e5; 2.Cf3,Cf6; 3.Cxe5,d6; 4.Cf3,Cxe4; 5.d4,d5; 6.Bd3,Bd6; 7.0-0,Bg4; 8.c4,0-0! 9.cxd5,f5; 10.Te1?,Bxh2+!; 11.Rxh2,Cxf2; 12.De2,Cxd3; 13.Dxd3,Bxf3; 14.Dxf3,Dh4+ e as Negras ganham a Torre. *Este é um bom exemplo de* ***aplicação do Mate do Louco****! Em que as Negras debilitam a Ala do Rei Branco para finalizar com um ataque da Dama na Diagonal e1-h4 para ganhar. No caso, uma peça, a Torre, e em consequência, a partida.*

Exemplo nº 4

Abertura Inglesa
Alguns Exemplos De Borovsky

a) 1.c4,e5; 2.Cc3,Cc6; 3.g3,Cf6; 4.Bg2,Bb4; 5.Cd5,Cxd5; 6.cxd5,Cd4? 7.e3,Cf5; 8.Dg4 ganhando uma peça. Outra casa que o Cavalo poderia ir seria 7....Cb5; mas 8.Da4 também ganharia uma peça.

b) 1.c4,e5; 2.Cc3,Cf6; 3.Cf3,Cc6; 4.e3,Bb4; 5.Cd5,d6? 6.Da4,Bc5? 7.d4,Bb6; 8.Cxf6+,Dxf6; 9.d5, ganhando o Cavalo.

c) 1.c4,e5; 2.Cc3,Cf6; 3.Cf3,Cc6; 4.d4,e4; 5.Cg5,h6; 6.Cgxe4,Cxe4; 7.Cxe4, Dh4; 8.Dd3?,d5; 9.cxd5,Cb4; 10.Db1,Bf5; 11.Cd6+,cxd6; 12.Dxf5,g6; 13.Db1,Tc8; Ganhando pois, não há como impedir a ameaça Cc2.

d) 1.c4,e5; 2.Cc3,Cf6; 3.Cf3,Cc6; 4.d4,exd4; 5.Cxd4,Bb4; 6.Cxc6,bxc6; 7.g3?,De7; 8.Bg2,Ba6; 9.Dd3,d5; 10.b3,d4; 11.Bxc6+,Rf1; 12.Dxd4,Td8; 13.Bd5,Txd5; Ganhando porque se 14.cxd5,Dxe2++

Exemplo nº 5

Contra-Gambito Albin

1.d4,d5; 2.c4,e5; 3.dxe5,d4; 4.e3?,Bb4+; 5.Bd2,dxe3! 6.Bxb4?,exf2+; 7.Re2,fxg1C+! Ganhando. A Dama branca está exposta à ataques e o Rei centralizado. Temos duas variantes:

a) 8.Txg1,Bg4+; 9.Rei move,Dxd1;

b) 8.Re1,Dh4+; 9.g3,De4+; 10.Be2,Dxh1; ganhando com peça a mais e forte ataque sobre o Rei centralizado

11.Rd2,Ca6; 12.Ba3,Bf5; (*Ameaça 0-0-0+ ganhando a Dama*) 12.Rc3,Td8; 13.Df1,Cxe2+; 14.Dxe2,Td3+;14.Rc2,Te3+des ganhando a Dama; Ngrs vencem

b.1) 12.Rc3,Bf5; 13.a3 (é preciso criar espaços de fuga para o Rei) 13...,Td8; 14.Df1,Cxe2+; 15.Dxe2,Td3+; entrando na variante anterior

c) 11.Rd2,Cc6;12.Da4 *livrando a Dama e impedindo a ação do Cavalo; 12...,Cxe2;13.Rxe2,Bg4+;14.Rd2,0-0-0+;15.Rc3,Df3+; 16.Rc2,Dd1+; 17.Rc3,T ou Dd3++*

Exemplo nº 6

Defesa Caro Kann

1.e4,c6; 2.d4,d5; 3.Cc3,dxe4; 4.Cxe4,Cd7; 5.De2,Cgf6??; 6.Cd6++

Exemplo nº 7

Defesa Francesa

1.e4,e6; 2.d4,d5; 3.e5,c5; 4.c3,Cc6; 5.Cf3,Db6; 6.Bd3,cxd4; 7.cxd4,Cxd4?; 8.Cxd4,Dxd4??; 9.Bb5+ ganhando a Dama.

Exemplo nº 8

Uma aplicação do Mate do Louco.

1.e4,e5; 2.Cc3,Cc6; 3.f4,Bc5; 4.Cf3,d6; 5.f5? *Este lance contraria a ideia do Gambito do Rei oferecido no 3º lance; além de contrariar os* ***Princípios da Abertura Antes do Roque****. Pelo 2º e 3º princípios, deveria mover o Bispo para preparar o Roque. Preferencialmente para c4 ou b5 atendendo também ao 1º Princípio – Controle do Centro.*

O lance f5 poderia esperar por coerência com a Abertura adotada.

5...,Cf6; 6.h3,d5; *seria melhor: 6.d4,exd4; 7.Ca4 etc. O lance feito permitiu às Negras o contra ataque ao Centro;*

7.Cxe5 (*pensando certamente: "Tomo e5, ele responde com Cxe5 e eu jogo d4" recuperando a peça); decidiu pelo adversário, mas esqueceu de perguntar: "e se ele não fizer?" Este é um erro muito comum*

– analisa superficialmente uma posição e decide pelo adversário. O resultado não se faz esperar.

7...,Cxe4; 8.Cf3, observe a posição das peças no tabuleiro: as Negras têm amplo domínio do Centro com suas peças melhor desenvolvidas e em harmonia atacando o "coração do Rei", a casa f2. Permite o sacrifício!

8...,Dh4+! 9.Cxh4,Bf2+; 10.Re2,Cd4+; 11.Rd3,Cc4++

NOTA: *Esta partida, assisti em uma aula que um forte jogador dava para um aprendiz Considerando um bom exemplo também para minhas aulas, resolvi copiá-la. Posteriormente, encontrei referências de que foi jogada em 1930 entre Kulmala x Lehtonen.*

2.4. MINIATURAS

- **Miniatura nº 1**

SCHWARZ 0X1 TARRASCH

Nuremberg, 1883

Gambito do Centro

1.e4,e5; 2.d4,exd4; 3.c3,De7; 4.f3,d5; 5.Dxd4,Cc6; 6.Bb5,dxe4; 7.fxe4,Cf6; 8.e5,Bd7; 9.Bxc6,Bxc6; 10.Cf3,Td8; 11.De3,Cg4; 12.Dg5,Dd7; 13.0-0,Bc5+; 14.Rh1,Cf2+ (*aplicação do Mate de Phillidor*); 15.Txf2,Dd1+; 16.Cg1,Dxg1+ 17.Rxg1,Td1++

Esta partida nos dá uma confirmação de sabermos determinados tipos de Mates de partidas que não se repetirão! Mas, as posições podem acontecer em outra partida diferente. Em uma partida que, não era a partida em que se originou o Mate de Phillidor, surgiu a posição semelhante que Tarrasch soube tão bem aproveitar para vencer.

- **Miniatura nº 2**

JACQUES MIESES 1x0 JOHANNES VILHELM OHQUIST

Nuremberg – 1895

Defesa Escandinava

1.e4,d5; 2.exd5,Dd5; 3.Cc3,Dd8; 4.d4,Cc6; 5.Cf3,Bg4; 6.d5,Ce5; 7.Ce5,Bd1; 8.Bb5+,c6; 9.dxc6,Dc7; 10.cxb7,Rd8; 11.Cxf7++

- **Miniatura nº 3**

WINAWER 1X0 STEINITZ
Nuremberg,1896
Gambito do Centro

1.e4,e5; 2.d4,exd4; 3.Dxd4,Cc6; 4.De3,Cf6; 5.Bd2,Bb4; 6.Cc3,0-0; 7.0-0-0,Te8; 8.Bc4,Bxc3; 9.Bxc3,Cxe4; 10.Df4,Cf6; 11.Cf3,d6; 12.Cg5,Be6; 13.Bd3,h6; 14.h4!,Cd5; 15.Bh7+,Rh8; 16.Txd5!,Bxd5; 17.Be4,f6; 18.Bxd5,fxg5; 19.hxg5,Ce5; 20.g6, Abd.

- **Miniatura nº 4**

MULOCK 0x1 KOSTICH
Colônia, 1911
Abertura Italiana

1.e4,e5; 25.Cf3,Cc6; 3.Bc4,Cd4; 4.Cxe5?, (*As Brs. viram a semelhança com o Ataque Fegatello e partiram para o ataque. O correto era Cxd4),*

4...,Dg5!; *(Agora a intenção das Ngrs é clara, permitem a incursão do Cavalo branco em f7 em troca de forte ataque de sua Dama e Cavalo sobre o Rei adversário).*

5.Cxf7? *(Certas de seu ataque avassalador, as Brs seguem em seu plano sem preocupar-se com a manobra das Negras).* 5...,Dxg2; 6.Tf1,Dxe4+; 7.Be2,Cf3++.

A importância do Cavalo contra o Rei "super protegido"

- **Miniatura nº 5**

SUNDERSTROM 1X0 HOLM
Estocolmo, 1912
Defesa Petrof

1.e4,e5; 2.Cf3,Cf6; 3.Cxe5,d6; 4.Cf3,Cxe4; 5.Cc3,Cxc3; 6.dxc3,Be7; 7.Bd3,0-0; 8.h4,Te8; 9.Be3,Cc6; 10.Bxh7+Rxh7; 11.Cg5+,Rg6; 12.h5+,Rf6; 13.Df3+,Bf5; 14.g4,Dc8; 15.Ce4+,Re5; 16.Df4+,Rd5; 17.0-0-0+,Rc4; 18.Cxd6++

Se 17.0-0-0+,Cd4; 18.Txd4+,Rc6; 19.Tc4+,Rb5; 20.gxf5 *e as Brancas estão com peça a mais, o Rei Negro centralizado e exposto à ataques. Não pode capturar a Torre em c4, porque Cxd6+ dpl ganhando a Dama e pior: o Rei entrando em linha de Mate. (se 20.gxf5,Rxc4; 21.Cxd6+dupl,Rd5; 22.Td1+Rc6; 23.Da4+,b5; 24.Dxb5++. Com todos os lances das Negras forçados).*

a) O que aconteceria se em vez de 11...,Rg6, as Ngrs jogassem Rg8?

- **Miniatura nº 6**

CORIA 0x1 CAPABLANCA

Buenos Aires, 1914

Abertura dos 4 Cavalos

1.e4,e5; 2.Cf3,Cc6; 3.Cc3,Cf6; 4.Bb5,Bb4; 5.0-0,0-0; 6.d3.d6; é perigoso imitar os lances do adversário, mas Capablanca sabia até onde podia ir; 7.Bg5,Bxc3; 8.bxc3,De7; 9.Cd2,h6; 10.Bh4,Cd8; 11.d4,Ce6; 12.dxe5,dxe5; 13.Bd3,Cf4; 14.Cc4,Td8; 15.Bxf6,Dxf6; 16.Dd2?,Bh3! 17.Ce3,Bxg2; 18.Cf5,Bxe4; 19.Cg3,Ch3++

* *Se 18.Cxg2,Dg5; 19.f3,Ch3+ ganhando a Dama; e se 19.Bxe4 perde a Dama com Txd2 ou 19.f3,Bxf3; 20.Txf3,Dg5+; 21.C ou Tg3,Ch3+; ganhando a Dama.*

- **Miniatura nº 7**

BELSITZMANN 0X1 RUBINSTEIN

Varsóvia –1917

Quatro Cavalos

1.e4,e5; 2.Cf3,Cc6; 3.Cc3,Cf6; 4.Bb5,Cd4; 5.Bc4,Bc5; 6.Cxe5,De7; 7.Cd3,d5; 8.Cxd5,Dxe4+; 9.Ce3,Bd6; 10.0-0,b5! 11.Bb3,Bb7; 12.Ce1,Dh4; 13.g3,Dh3; 14.c3,h5! 15.cxd4,h4; 16.De2,Dxh2+!! 17.Rxh2,hxg3+ dupl; 18.Rg1,Th1++

- **Miniatura nº 8**

WALTER CRUZ 1X0 PAULO DUARTE

Campeonato Brasileiro 1942 – Match – 7ª Partida

Defesa Francesa

1.e4,e6; 2.d4,d5; 3.Cd2,Cc6; 4.Cgf3, Cf6; 5.e5,Cd7; oberve enquanto as peças brancas estão com ampla liberdade de movimentos, as pretas estão restringidas em sua Zona de Defesa e com menor mobilidade.

6.c3,f6; 7.exf6,Dxf6; 8.Bd3,Bd6; 9.Dc2,e5; 10.Bxh7,e4; 11.Cxe4,dxe4; 12.Bxe4, *Walter Cruz levou vantagem na troca de um Cavalo por 3 Peões,* 12...,Bf4;13.Bxc6,bxc6; 14.De4+,Rd8; 15.Bxf4,Te8; 16.Ce5,Ba6; 17.Bg5, Abd.

- **Miniatura nº 9**

PETROSIAN 1 x 0 TOLUSH

18º Campeonato da URSS, 1950

Gambito da Dama

1.Cf3,Cf6; 2.c4,e6; 3.Cc3,d5; 4.d4,c6; 5.cxd5,exd5; 6.Dc2,Bd6; 7.Bg5,0-0; 8.e3,Bg4; 9.Ce5,Bh5; 10.f4,Da5; 11.Bd3,h6? *Seria melhor Ce5 sacrificando um Peão. O lance feito acarreta uma série de lances forçados apressando a derrota das Negras.*

12.Bxf6,gxf6;13.g4!,fxe5;14.fxe5,Be7; 15.0-0-0!,Bg5; 16.gxh5,Rh8; 17.Df2,f5; 18.h4,Be7; 19.Df4, Abd

- **Miniatura nº 10**

MAYET 0x1 ANDERSSEN

Berlim,, 1951

Abertura Rui Lopes

98.hxg5,hxg5; 9.Cxe5,g3!; 10.d4,Cxe4; 11.Dg4,Bxd4; 12.Dxe4,Bxf2+; 13.Txf2,Dd1+; 14.Tf1,Th1+; 15.Rxh1,Dxf1++

- **Miniatura nº 11**

OLICIO GADIA 1X0 HINDEMBURGO COELHO

São Paulo, 1959

Giuoco Piano

1.e4,e5; 2.Cf3,Cc6; 3.Bc4,Bc5; 4.c3,Cf6; 5.d4,exd4; 6.cxd4,Bb4+; 7.Cc3,Cxe4; 8.0-0,Bxc3; 9.d5,Bf6; 10.Te1,Ce7; 11.Txe4,0-0; 12.d6,Cg6; 13.De2,b5; 14.Bxf7+,Rh8; 15.Bxg6,hxg6; 16.Dxb5,cxd6; 17.Dd5,Tb8; 18.Cg5, Abd;

- **Miniatura nº 12**

FISCHER 1 x 0 S. STEINMEYER

Campeonato EUA,1963/64

Defesa Caro Khan

1.e4,c6; 2.d4,d5; 3.Cc3,dxe4; 4.Cxe4,Bf5; 5.Cg3,Bg6; 6.Cf3,Cf6; 7.h4,h6; 8.Bd3,Bxd3; 9.Dxd3,e6; 10.Bd2,Cbd7; 11.0-0-0,Dc7; 12.c4,0-0-0; 13.Bc3!,Df4+? 14.Rb1,Cc5? 15.Dc2,Cce4; 16.Ce5!,Cxf2; 17.Tdf1! Abd

As Negras perdem o Cavalo e se 17...,Dxg3; após o Cavalo, perdem também a Dama que ficou sem casa para jogar e será capturada após Tf3 (17....,Dxg3; 18.Txf2,Ce4; 19.Tf3 e a seguir a Dama é capturada).

- **Miniatura nº 13**

J. MARINHO 0 x 1 SERAFIM C. SILVA

Torneio Interno do Club Municipal-RIO/RJ, 23/10/1995

4ª Rodada:Defesa Helder Câmara (Defesa Brasileira)

Ver Defesa Brasileira, p. 34.

1.e4,e5; 2.Cf3,De7; 3.Bc4,d6; 4.0-0,Bg4; 5.Be2? Cd7; *dois lances com a mesma peça na Abertura? Melhor seria 5.h3;*

6.Cc3,c6; 7.Te1,g6; 8.b3,Bg7; 9.Bb2,Cgf6; 10.d3,0-0-0; 11.Dd2,Ch5; 12.Dg5,Cdf6; 13.h3,Bxf3; 14.Bxf3,Cf4; 15.Ce2,h6; 16.Dh4,g5; 17.Bg4+Rb8; 18.Dg3,h5; 19.Cxf4?,gxf4; 20. Abd

- **Miniatura nº 14**

SERAFIM C. SILVA 1X0 GABRIEL F. SILVA

Torneio Temático Caro Kaan 30min

Club Municipal – Rio de Janeiro/RJ, 1997

1.e4,c6; 2.d4,d5; 3.Cc3,dxe4; 4.Cxe4,Cd7; 5.De2,Cgf6??; 6.Cd6++

> **NOTA**: esta partida já foi publicada em Xadrez na escola, p.68. Mas, seu exemplo é tão interessante e característico dos problemas de falta de atenção de jogar mecanicamente, que resolvi incluir também neste trabalho.

- **Miniatura nº 15**

LAUCOF MIGON 1 x 0 GABRIEL F.

Torneio Interno do JTC – 7ª Rodada – 19/2/2004

Abertura Inglesa

1.c4,Cf6; 2.Cc3,g6; 3.e4,d6; 4.a3,Bg7; 5.d3,0-0; 6.Be3,c5; 7.Dd2,Cc6; 8.Cf3,Cd7?; *as Brs apontam com suas peças para o Canto do Rei. É necessário reforçar a defesa trazendo peças para a área atacada. Melhor seria manter o Cavalo em f6 e trazer o outro para e5 em tentativa de troca com o perigoso Cavalo de f3.*

9.Bh6,Bxh6?; *as Ngrs estão fazendo o jogo das Brs trazendo a Dama adversária para cima de seu Rei. Já que tiraram o Cavalo de f6, então o melhor a fazer era jogar 9...,f6 defendendo g5 da entrada do Cavalo branco. Assim, se as Brancas jogarem Bxg7, as Ngrs respondem com Rxg7 anulando o ataque adversário.*

10.Dxh6,Cd4? *Erro comum pela falta de concentração na partida. Vê o que quer fazer e se esquece de ver o que o adversário pretende. Agora as Ngrs estão perdidas.*

11.Cg5,Cf6; 12.Cd5,Da5+; 13.Rd1??,Cb3?? *As Brs ameaçam a qualquer momento Cxf6+ com mate a seguir. As Ngrs precisariam tentar xeques sucessivos ao Rei adv para conseguir Re3 aplicando um duplo com Cg5! ganhando a Dama branca perigosamente instalada em h6; por sua vez, as Brs* só precisam anular a sequência dos xeques interrompendo a ação das Negras, o correto seria 13.b4!,Cc2+; *14.Rd2! Ameaçando a Dama e Cavalo pretos. Qualquer lance das Ngrs impedidas de mover o Cavalo de f6, as Brs jogam Cxf6+ e Mate a seguir. O Rei das Negras, por sua vez, também está imobilizado, não podendo escapar de Cxf6+ com Rh8 por levar Mate em dois – 1..... Rh8; 2.Dxf8+,Cg8; 3.Cxf7++.*

A opção de 13.Rd1?? permite: 13...Bg5+; 14.Rc1 (forçado),14....,Dd1++. As Ngrs tiveram a partida na mão e não viram.

14.Cxf6+,Abd.

Costuma-se dizer no humor enxadrístico: Viu que dava Mate em um, mas não viu que levava em meio.

Repetindo Karpov: "**No Xadrez, ganha quem faz o penúltimo erro!**"

NOTA: Laucof, na data da partida, estava com 77 anos e seu adversário era um jovem entre 25 e 30 anos, forte jogador (Classe A), que descuidando de seu adversário, na época Classe C, levou uma boa lição em clara confirmação de que no Xadrez, não importa a diferença de idade ou força do jogador, mas o grau de atenção na partida.

CLASSE C – até 1599 de *rating*
CLASSE B – de 1600 a 1899 de *rating*
CLASSE A – acima de 1899 de *rating*

- **Miniatura nº 16**

JORGE ALVES 0 x 1 LAUCOF MIGON
Torneio Interno JTC – 11/3/2004 – 2ª Rodada
DEFESA SICILIANA

1.e4,c5; 2.Bc4,Cc6; 3.Df3?,Ce5; *já aconteceu comigo várias vezes. Um principiante que aprendeu a dar o Mate Pastor, não se dá conta da experiência de seu adversário e sai armando o que para ele pode ser novidade. Mas,* não passa de uma cilada extremamente conhecida e só desmerece quem tenta aplicar. O verdadeiro sabor da vitória no Xadrez não está nas partidas fáceis contra um aprendiz, mas nas difíceis contra adversários até mais fortes.

4.Db3,Cxc4 (*Acabou o Pastor*); 5.Dxc4.e6; 6.Cc3,a6; 7.a4,b6; 8.Cf3,Bb7; 9.d4,cxd4; 10.Cxd4,Df6; 11.Be3,Bc5; 12.Td1,Ce7; as *Negras vão, calmamente, posicionando suas peças para o controle do Centro*;

13.f4,e5; 14.fxe5,Dxe5; 15.Tf1,d5; 16.Bf4?,Dxf4 a *Dama Branca estava atacada pelo Peão de d5. O correto era primeiro salvar a Dama para depois contra atacar*; 17.Dxc5?? De3+; 18.Abd. A*pós o lance obrigatório de Ce2, a Dama Branca é capturada.*

As Negras poderiam, num ato de condescendência, jogar 17...,Dxf1+; 18.Rxf1,bxc5; ficando com Torre a mais e partida superior. Mas, Laucof é um *gentleman* e jamais faria uma concessão que pudesse parecer humilhação ao adversário.

- **Miniatura nº 17**

SYLVIO REZENDE 1 x 0 IRAHY CARVALHO
CAMPEONATO ESTADUAL DE VETERANOS
2ª Rodada: 19/5/2010

Abertura Italiana/Ataque Fegatello

1.e4,e5; 2.Cf3,Cc6; 3.Bc4,Cf6; (*Defesa dos Dois Cavalos*) **4.Cg5** – Ataque Fegatello – 4...,d5; 5.exd5,Ca5. *Ainda prefiro Cxd5*;

6.Bb5+,c6; 7.dx6,bxc6; 8.Ba4,Cd7 *aqui poderia: 8....h6, 9.Cf3,e4 etc*;

9.d4,Be7; 10.Ce4,0-0; 11.Be3,Bb7; 12.Dd3,exd4; 13.Bxd4,c5; 14.Be3,Bxe4; 15.Dxe4,Cb6; 16.Bb5,a6; 17.Bd3,c4??; 18.Dxh7++

O descuido de Irahy causado pela fixação no ataque ao Bispo; errou estragando a partida. O correto seria 17....,g6; e continuaria a partida normalmente.

Posição após 17.Bd3

Como exercício:

1. Procure 3 variantes diferentes após 17.Bd3,g6

   Respostas para sylviosr@terra.com.br

2. Não jogando g6, que outro lance poderia ser feito para evitar o Mate?

- **Miniatura nº 18**

SYLVIO REZENDE 1 x 0 LAUCOF MIGON

CXXXI Torneio Aberto CCB – 26/8/2012

Local: Recreio – RJ/10

Abertura do Centro

1.e4,b6; 2.d4,Bb7; 3.Bd3,Ba6?! É *considerado* um erro jogar *duas vezes com a mesma peça na Abertura*;

4. Cc3,Bxd3; 5.Dxd3,e6; 6.Bf4,Cc6; 7.Cge2,Bb4; 8.0-0,Bxc3; 9.Cxc3,Dh4?; 10.Bxc7,e5; 11.Cb5,Tc8?; 12.Ce6+,Rf8; 13.Cxc8,Cge7; as *Ngrs* já estão perdendo uma peça; a troca favorece as Brancas; seria melhor Cf6 ou exd4; 14.Cxe7,Rxe7; 15.dxe5,Re6??; 16.Dd5+?,Re7 (Dd6 dava Mate, mas *na pressa de jogar, não vi*); 17.Tad1,Abd

2.5. XADREZ *ON-LINE*

Em minhas experiências "*On-line*", algumas partidas são interessantes. A maioria se perde pela pressa de jogar diversas partidas seguidas; mas, recentemente, surgiu um bom exemplo do que acontece quando o jogador de Negras não defende corretamente o Ataque Fegatello.

Vejamos no site: www.flyordie.com. Preferi manter meus adversários como anônimos porque somos identificados no site por codinomes, não havendo qualquer informação nem mesmo da idade, sexo ou localidade dos concorrentes.

- ***On-line* nº 1**

SYLVIO REZENDE 1X0 ANÔNIMO,1
Xadrez Rápido 20'
Abertura Italiana/Ataque Fegatello
15/01/2015

1.e4,e5; 2.Cf3,Cc6; 3.Bc4,Cf6; 4.Cg5,d5; 5.exd5,Cxd5; 6.Cxf7,Rxf7; 7.Df3+,Rg8??; *o correto seria Re6;*

8.Bxd5+Dxd5 (*Forçado*); 9.Dxd5+,Be6; 10.Dxe6++

Defesa do Mate Pastor – Também acontece muito! Meu adversário, possivelmente, era iniciante. Aprendeu o Mate Pastor e pensa que pode aplicar em qualquer um. A lição vem rápido.

- ***On-line* nº 2**

ANÔNIMO.2 0X1 SYLVIO REZENDE
(Xadrez Informant – 10')
16/01/2015

1.e4,e5; 2.Bc4,Cc6; 3.Dh5? *quando meu adversário jogou 2.Bc4, já desconfiava da tentativa do Mate Pastor. Sempre que isto acontece, jogo Cc6 estimulando o adversário na tentativa e defendendo e5 que será atacado pela Dama na presumível ameaça do Mate. Agora a minha defesa*!

3....,g6; 4.Df3,Cf6; 5.d3,Cd4 a *ameaça era clara, Bg5, mas agora as Negras estão no contra-ataque*;

6.Dd1,Bc5; 7.c3,Ce6; 8.Cf3,d6; 9.Bh6?,Cg4; *o lance Bh6 permite forte ataque das Negras;*

10.Bd2,Cxf2; *as Ngrs aplicam nas Brs, a ideia do Ataque Fegatello!;* 11.Da4+,Bd7; 12.Bb5,c6; 13.Tf1,cxb5; 14.Db3?,Cxd3+; 15.Re2,Cef4+; 16.Bxf4,Cxf4+; 17.Rd1,Cxg2; 18.c4,Ce3+; 19.Re2,bxc4; 20.Dxb7?,Tb8; 21.Dxa7?,Txb2+; o *correto seria Dxb8. A Dama já estava mesmo perdida após capturar o Peão "envenenado" de b7, a melhor opção portanto seria a troca pela Torre*;

22.Cbd2,c3; 23.Da6,Bb5+ 23.10'. Brancas perdem pelo tempo. *A Dama não tinha para onde ir. Qualquer movimento e seria capturada, por isso não tomei em a7 preferindo manter a pressão sobre o Rei. A continuação normal seria: 23.Dxb5,Txb5; 24.Tfc1 para escapar do ataque do Cavalo, 24...,cxd2 etc; mas, as Negras já estavam mesmo perdidas.*

2.6. SOLUÇÕES DO CAPÍTULO II

Miniatura nº 7

SYLVIO REZENDE 1 x 0 IRAHY CARVALHO p.21

Resp: 17...,f5

Miniatura nº 9

SUNDERSTROM 1X0 HOLM p.22

a) Se 11.Cg5+,Rg8; 12.Dh5,Bxg5; 13.hxg5,Rf8; 14.g6,Be6; 15.Dh8+, Re7; 16.Bg5+,Rd7; 17.Bxd8,Txh8; 18.Txh8,Cxd8; 19.Tg8,fxg6; 20. Txg7+,Bf7; 21.0-0-0 e as Brancas vencem.

b) 14.g6,f6; 15.Dh8+,Re7; 16.Dxg7+.Re6; 17.Df7+ Aqui as Ngrs ficam num dilema:

b.1) 17...,Rf5; 16.Th5+,Rg4; (*Se 16...,Re5 17.Dd5++)* 17.Tg5+!,fxg5; 18.Df3+Rh4; 19.0-0-0 e não há como escapar do Mate próximo.

b.2) 17...,Re5; 18.Th5+,Bf5;19.f4+,Re4; 20.Dc4+,Rxe3; 21.Txf5 e mate no próximo lance, com De2++ ou Dd3++

c) 14.g6,Be6; 15.Bg5,Ce7 (Se 15…,Dd7; 16.Dh8++); 16.Dh8+,Cg8; 17.Bxd8,Bc4+desc; 18.Rd1,Taxd8; 19.Th7,Te5; 20.Dxg7+,Re7; 21.gxf7,Rd7; (*se Bxf7; 22.Dxf7++)* 22.f8C+dupl,Rc8; Dxc7++

CAPÍTULO 3 – PARTIDAS DE MESTRES

Depois dessas considerações iniciais, vejamos algumas partidas jogadas por enxadristas que se destacaram no Xadrez.

ABERTURA DOS 4 CAVALOS – Não é muito praticada entre mestres hoje em dia por permitir rapidamente a igualdade para as Negras. Vejamos dois exemplos:

a) 1.e4,e5; 2.Cf3,Cc6; 3.Cc3,Cf6; 4.Bb5,Cd4; 5.Cxd4,exd4; 6.e5,dxc3; 7.exf6,Dxf6; 8.dxc3,Bc5; 9.0-0,0-0; etc. Jogo igual.

b) 1.e4,e5; 2.Cf3,Cc6; 3.Cc3,Cf6; 4.Bb5,Cd4; 5.Cxe5,De7; 6.f4,Cxb5; 7.Cxb5. d6; 8. Cc4,Dxe4+; 9.Ce3,Dc6; etc.

Nos dois exemplos, as Ngrs igualaram rapidamente e ficaram com melhor desenvolvimento (Ver Exemplos: 5 e 6, p. 18)

- **Partida nº 1**

CORZO 0X1 CAPABLANCA

Havana, 1902

Defesa Francesa

1.e4,e6; 2.d4,d5;3.Cc3,dxe4; 4.Cxe4,Bd7; 5.Cf3,Bc6; 6.Bd3,Cd7;7.0--0,Cgf6; 8.Bg5,Be7; 9.Cxf6+,Bxf6; 10.Be3,0-0; 11.c3,b6; responder com *11...,e5 não* é bom porque: 12.dxe*5,Cxe5; 13.Cxe5,Bxe5; 14.Bxh7+ ganhando um Peão – se 14...,Rxh7; 15.Dh5+Rg8; 16.Dxe5 recuperando a peça e ganhando o Peão.*

12.Dc2,Rh8; *agora, se 13.Bxh7,Bxf3; 14.gxf3,g6; 15.Bxg6,Tg8 e o Bispo será capturado porque ficou cravado na Coluna g.*

13.Cd2,Te8; 14.Bxh7,g6; 15.Bxg6,fxg6; 16.Dxg6,De7; 17.f4,Dh7; 18.Dxh7+,Rxh7; 19.Cf3,Tg8; 20.Tae1,Tg6; 21.Bd2,Bd5; 22.b3,Tf8; 23.Rh1,c5; 24.dxc5,Cxc5; 25.c4,Ba8; 26.Bb4,Tfg8; 27.Bxc5,Txg2!! 28.Be3,Bh4! se *28.Ba3 ou g1, Ngrs* dão *++/5 procure descobrir.*

29.Td1,Bf2!!; 30.Td7+,Rh6; 31.Td5,Bxe3; *aqui, realça o gênio da simplifica*ção de *Capablanca. Em vez de ganhar uma qualidade com 31...,exd5, 32.Bxf2 ou 31..,Bxd5; 32.Txf2, ganha uma peça e ainda ameaça Mate.*

32.Cg5,T2xg5!; 33.fxg5+,Txg5;34.Tf6+,Rh5; 35.Txe6,Bxd5+; 36.Abd

- **Partida nº 2**

STAUNTON 1X0 ANDERSSEN

Defesa Giuoco Piano

<u>1.e4,e5; 2.Cf3,Cc6; 3.Bc4,Bc5</u>; 4.c3,Cf6; 5.d4,exd4; 6.e5,d5; 7.Bb5,Ce4; 8.cxd4,Bb4+; 9.Cbd2,0-0; 10.0-0,Bg4; 11.Bxc6,bxc6; 12.Dc2,Bxf3; 13.Cxf3,Tb8; 14.Dxc6,Tb6; 15.Dc2,f5; 16.a3,Be7; 17.b4,f4; 18.Ce1,Th6; 19.f3,Cg5; 20.Cd3,Ce6; 21.Bb2,De8; 22.Tac1,Dh5; 23.h3,Tg6; 24.Cf2,Tg3; 25.Rh2,Tf5; 26.Dc6,Dg6; 27.Tg1,Tfg5; 28.Cg4,h5; 29.Cf6+,Rf7?; 30.De8++

Obs.: Essa partida nos mostra que mesmo entre mestres pode surgir uma "capivarada". Ou por apuro de tempo, ou por descuido mesmo.

Lance melhor seria 29...,Bxf6;

- **Partida nº 3**

MARSHALL 1x0 PILLSBURY

Gambito do Rei

<u>1.e4,e5; 2.f4,exf4</u>; 3.Cf3,g5; 4.Bc4,Bg7; 5.h4,h6; 6.d4,d6; 7.Dd3, (*7. Cc3 seria mais de acordo com a norma geral das Aberturas.*

7...,g4; 8.Cg1,Df6; 9.c3,h5; 10.Ca3,Ce7; 11.Ce2,Cg6; 12.g3,fxg3; aparentemente não capturar o Peão e avançar, atacaria o Cavalo e ficaria com um Peão passado e perigosamente a duas casas da promoção, mas aceitando esta oferta e avançando o Peão para f3,as Brancas responderiam com Bg5! Ganhando a Dama das Negras. É preciso muito cuidado com as ofertas de seu adversário. Lembre-se de Lasker "<u>Se é bom para ele, não é bom para mim</u>").

O lance g3, realizado por Marshall, é na realidade o inicio de uma combinação. Na aparente cilada do avanço, o objetivo real era a captura, abrindo a Coluna sobre o flanco do Rei para manobrar com as Torres.

13.Tf1,Dxh4; 14.Bxf7+,Rd8; 15.Bxg6,g2+desc; 16.Tf2,Tf8; 17.Be3,Bh6; 18.Bxh6,g1D+; 19.Cxg1,Dxf2+; 20.Rd1,Dxg1+; 21.Rc2,Tf2+; 22.Bd2,Dxa1; 23.De3,Txd2+; 24.Dxd2.

Esta partida é um bom exemplo da relatividade dos dogmas do Xadrez – as Negras estão com flagrante vantagem material, mas são as Brancas que estão melhores com todas as suas peças desenvolvidas e prontas para o ataque ao Rei adversário sem direito ao roque e perigosamente centralizado no Tabuleiro com suas peças da Ala da Dama inativas e sem espaço para manobrar.

24....,Bd7; 25.Dg5+,Rc8; 26.Bf5,b6; 27.Dg8+,Rb7; 28.Bxd7,Cxd7; 29.Dd5+,c6; 30.Dxd6,Td8; 31.d5,Tf8; 32.dxc6+,Ra8; *as Negras não têm escolha, se 32...,Rc8, levam Mate em dois (33.Dxd7+,Rb8; 34.Db7++) se tentam fugir por a6, Mate em 2 (33.Dd3+,b5; 34.Dxb5++) se não cobrir com Peão e jogar 33....,Ra5,da mesma forma,34. Db5++).*

33.cxd7,Tf2+; 34.Rb3,Dxb2+; 35.Ra4,Abd.

Se as Ngrs em tentativa desesperada jogassem 35...,b5+; 36.Ra5,Dxc3+; 37.Ra6,Df6; 38.d8T+(ou d8D+),Dxd8; 39.Dxd8++

- **Partida nº 4**

MAC DONNELL 0x1 DE LA BOURDONNAIS

Gambito do Rei

1.e4,e5; 2.Bc4,Bc5; 3.b4,Bxb4; 4.f4,d5; 5.exd5,e4; 6.Ce2,Cf6; 7.0-0,0-0; 8.Cbc3,c6; 9.dxc6,Cxc6; 10.Rh1,Bg4; 11.De1,e3; 12.dxe3,Bxe2; 13.Bxe2,Ce4; 14.Bb2,Da5; 15.Bd3,Bxc3; 16.Bxc3,Cxc3; 17.Dh4,f5; com uma série de lances agressivos, as Ngrs estão com peça a mais e desenvolvimento superior;

18.Tf3,Ce4; 19.Th3,h6; 20.Tf1,Dc5; 21.Dh5,Dd6; 22.g4,Tae8; 23.Bc4+,Rh7; 24.g5,Ca5; 25.gxh6,g6; *com a captura de h6, o próprio Peão branco virou escudo do Rei adversário*; 26.De2,Cxc4; 27.Dxc4,Cd2; 28.Dc3 ameaçando Mate, mas, 28...,Dc6+; 29.Dxc6,bxc6; vencendo a partida.

Outro assunto:
Para que estudar mates de partidas mal jogadas?
Pastor, Louco, Lègal, etc.

O que importa nestes Mates não é tanto a sua execução contra jogadores iniciantes. É a ideia que proporcionou o Mate.

Assim, no Mate Pastor (ou do Pastor) a ideia é o duplo ataque da Dama e outra peça, sobre a casa f2 ou f7. Originalmente com o Bispo, mas pode também ser dado com auxílio da Torre ou do Cavalo. Excepcionalmente até com Peão.

Já no Mate do Louco, a ideia é o ataque da Dama pela diagonal aberta (e-h) no flanco do Rei. Pode ser também executado por Bispo.

Já o Mate de Lègal que, por sua vez, explora a ideia do duplo ataque sobre f7, já é mais elaborado. Eu mesmo apliquei em uma partida que começou com outra linha de jogo completamente diferente da versão jogada na partida original.

Outro Mate famoso, o "Mate de Phillidor" é de grande beleza e necessita certamente de condições favoráveis surgidas em uma partida. È exatamente a ideia do Mate Phillidor que mostraremos na partida em que Artur Napoleão, na época com 37 anos e principal responsável pelo desenvolvimento do Xadrez na época do Brasil Colonial, derrotou Caldas Viana (João Caldas Viana Neto) então com a inexperiência de seus 17 anos. Vejamos:

- **Partida nº 5**

ARTHUR NAPOLEÃO 1X0 CALDAS VIANA

Rio de Janeiro, 1880

Abertura Italiana – Gambito Evans

1.e4,e5; 2.Cf3,Cc6; 3.Bc4,Bc5; 4.b4,Bxb4; 5.c3,Bc5; 6.0-0,d6; 7.d4,exd4; 8.cxd4,Bb6; 9.Bb2,Cf6; 10.d5,Ca5; 11.Bd3,0-0; 12.h3,Ch5; 13.Cd4,Cf4; 14.Cf5,Dg5; 15.Df3,Cxd3; 16.Dxd3,Bxf5; 17.exf5,c6; 18.Cd2,cxd5; 19.Dxd5,Tac8; 20.Ce4,Dh5 (*O Cavalo entrou em jogo e parte para o ataque*); 21.Cxd6,Tc2; 22.De5,f6; 23.De6+Rh8; a*s Brancas armaram o Mate de Phillidor. Agora só precisam tirar a Dama preta da diagonal e8-h5*) 24.g4 Abd.

A Dama não tem como defender o duplo ataque de Dama e Cavalo. O Mate é inevitável. A sequencia deste Final é a seguinte: 24....,Dh4. Qualquer lance da Dama preta é inútil: se ficar ou jogar em qualquer casa da Diagonal é capturada; se tentar evitar a captura leva o

Mate de Phillidor – em negrito) ; **25.Cf7+Rg8; 26. Ch6+duplo,Rh8; 27.Dg8+!!Txg8; 28.Cf7++**.

A ideia deste Mate é: a Dama atua na diagonal a2-g8 e o Cavalo ataca f7. É claro que este Mate pode ser dado em qualquer canto do Tabuleiro em posições semelhantes. Também as Negras poderiam capturar o Cavalo; neste caso teríamos: 25.Cf7+,Txf7; 26.De8+,Tf8; 27.Dxf8++

- **Partida nº 6**

TCHIGORIN 0X1 STEINITZ

Campeonato Mundial-Havana: jan./fev. 1889

5ª partida – Abertura Italiana – Gambito Evans

1.e4,e5;2.Cf3,Cc6; 3.Bc4,Bc5; 4.b4,Bxb4; 5.c3,Ba5; 6.0-0,Df6; 7.d4,Cge7; 8.Bg5,Dd6; 9.Db3,0-0; 10.Td1,Bb6; 11.dxe5,Dg6; 12.Da3,Te8; 13.Cbd2,d6; 14.exd6,cxd6; 15.Bf4,Bc5; 16.Dc1,Bg4; 17.Bg3,Tad8; 18.h3?,Bxf3; 19.Cxf3,Dxg3; 20.Rh1,Dg6; 21.Td3,Df6; 22.Dd2,Cg6; 23.Cg5,Cge5; 24.Tf3,Cxf3; 25.Bxf7+,Dxf7; 26.gxf3,Dc4; 27.Abd

3.1. UM EXEMPLO DE MORPHY

- **Partida nº 7**

MORPHY 1X0 Amador

Defesa dos Dois Cavalos

Nesta partida, jogada possivelmente em exibição contra um jogador de nível inferior, Morphy dava partido de Torre – muito comum na época. Deve-se retirar a Torre da Dama antes de começar a partida. Nestes casos, embora não tenha a Torre, o jogador poderá fazer com o Rei o movimento do Roque se assim desejar. Deverá ser esclarecido este detalhe também antes da partida.

1.e4,e5; 2.Cf3,Cc6; 3.Bc4,Cf6; 4.Cg5,d5; *Morphy aplicou o Ataque Fegatello*; 5.exd5,Cxd5; 6.Cxf7,Rxf7; 7.Df3+,Re6; 8.Cc3,Cd4 (*São mais usados Cb5 ou Ce7*); 9.Bxd5+,Rd6; 10.Df7,Be6? *As Brancas ameaçavam Ce4++, mas seria melhor De7*; 11.Bxe6,Cxe6; 12.Ce4+,Rd5; 13.c4+,Rxe4; 14.Dxe6,Dd4; 15.Dg4+!,Rd3; 16.De2+Rc2; 17.d3+desc. *Em uma partida normal seria Mate, mas Morphy jogava sem a Torre de dama permitindo mais uma fuga do Rei*, 17....,Rxc1; 18. 0-0 ++

NOTA: Esta, muito provavelmente, foi a partida citada com Mate de Roque, aplicada por Morphy, no comentário sobre o Mate aplicado na partida entre Edward Lasker x Thomas (p. 86).

ABERTURA RUI LOPES (Ruy Lopez). As duas grafias são aceitas.

Na Abertura Rui Lopes os dois primeiros lances são iguais aos da partida anterior. Só que ao desenvolver o Bispo no 3º lance, as Brancas mudam e iniciam um Ataque Indireto ao Centro atacando o Cavalo que defende o Peão central de e5 manobrando na Ala da Dama para um ataque ao Centro.

A Abertura Ruy Lopez tem tanto prestígio pela sua força que para evitá-la, as Negras passaram a adotar diversas defesas como Siciliana, Caro Kaan, Francesa e outras.

- **Partida nº 8**

MORPHY 1 X 0 LOWENTHAL

Abertura Rui Lopes

1.e4,e5; 2.Cf3,Cc6; 3.Bb5, *as Negras podem responder com diferentes lances: a6; Bc5; Cf6. Lowenthal preferiu seguir a maioria, adotando a Variante criada pelo próprio Paul Morphy.*

3...,a6; 4.Ba4,Cf6; 5.d4,exd4; 6.e5,Ce4; 7.0-0,Cc5; 8.Bxc6,dxc6; 9.Cxd4,Ce6; 10.Cxe6,Bxe6; 11.De2,Bc5; 12.Cc3,De7; 13.Ce4,h6; 14.Be3!,Bxe3; 15.Dxe3,Bf5; 16.Cg3,Bxc2; 17.f4,g6; 18.e6,Bf5; 19.Cxf5,gxf5; 20.exf7+,Rxf7; 21.Dh3,Df6; 22.Tae1,The8; 23.Te5!,Rg6; 24.Tfe1,Txe5; 25.Txe5,Td8; 26.Dg3+,Rh7; 27.h3,Td7; 28.De3,b6; 29.Rh2,c5; 30.De2,Dg6; 31.Te6,Dg7; 32.Dh5,Td5; 33.b3,b5; 34.Txa6,Td6; 35.Dxf5+,Dg6; 36.Dxg6+,Rxg6; 37.Ta5,Tb6; 38.g4,c6; 39.Rg3,h5; 40.Ta7,hxg4; 41.hxg4,Rf6; 42.f5,Re5; 43.Te7+,Rd6; 44.f6,Tb8; 45.g5,Tf8; 46.Rf4,c4; 47.bxc4,bxc4; 48.Rf5,c3; 49.Te3,Abd.

O peão de c3 será capturado pela Torre Branca. A Torre preta não terá como impedir a promoção dos Peões Brancos apoiados pelo Rei, pela Torre branca e pronta para ataques ao Rei adversário impedido de ajudar sua Torre contra os Peões Brancos. Basta que a Torre das Brancas, após a captura do Peão avançado das Negras, fique confortavelmente instalada em e2 cortando a passagem do Rei Negro e apoiando o avanço do Rei e Peões sobre a Torre preta impotente para evitar a promoção de um dos dois Peões.

- **Partida nº 9**

HILWAN CANTANHEDE 1X0 HENRIQUE LAYNES
Campeonato Brasileiro de 1954 – São Paulo
ABERTURA RUI LOPES

1.e4,e5; 2.Cf3,Cc6; 3.Bb5,a6; 4.Ba4,b5; 5.Bb3,Cf6; 6.0-0,d6; 7.Cg5,d5; *aplicação do Ataque Fegatello*; 8.exd5,Cd4; 9.d6,Cxb3; 10.dxc7,Dxc7; 11.axb3,Bd6; 12.Cc3,Bb7; 13.d3,h6; 14.Cge4,Cxe4; 15.Cxe4,Be7; 16.Dg4,Dxc2; 17.Dxg7,0-0-0; 18.Dxe5,Dxd3; 19.Bf4,Bd6; 20.Cxd6+,Dxd6; 21.Tac1+,Rb8; 22.Df6,Abd

- **Partida nº 10**

J. T. MANGINI 1X0 FERNANDO VASCONCELOS
Campeonato Brasileiro de 1950 – Rio de Janeiro
ABERTURA RUI LOPES

1.e4,e5; 2.Cf3,Cc6; 3.Bb5,a6; 4.Ba4,Cf6; 5.0-0,Be7; 6.Te1,b5; 7.Bb3,0-0; 8.d4,d6; 9.c3,Bg4; 10.Dd3,Bxf3; 11.gxf3,Ch5; 12.f4,exd4; 13.Bd5,Dd7; 14.e5,Dg4+; 15.Rh1,Bh4; 16.Tg1,Cxf4; 17.De4,Dxg1+; 18.Rxg1,Cxd5; 19.Dxd5,Cxe5; 20.cxd4,c6; 21.Db3,Cg6; 22.Be3,Tfe8; 23.Cd2,Tac8; 24.Da3,f5; 25.Cf3,f4; 26.Cxh4,fxe3; 27.Cxg6,e2; 28.Db3+,d5; 29.Ce5,Te6; 30.Te1, Abd.

- **Partida nº 11**

K. TRYBAL 0X1 R. SPIELMANN
Teplitz-Schönau, 1922
Abertura Rui Lopes

1.e4,e5; 2.Cf3,Cc6; 3.Bb5,a6; 4.Ba4,Cf6; 5.0-0,Cxe4; 6.d4,b5; 7.Bb3,d5; 8.dxe5,Be6; 9.c3,Be7; 10.Be3,0-0; 11.Cbd2,f5; 12.Cxe4,fxe4; 13.Cd4,Cxd4; 14.cxd4,a5!; 15.a4,c6!; 16.f4,Dd7; 17.axb5,cxb5; 18.g4,a4!; 19.Ba2,Bxg4; 20.Bxd5+,Rh8!; 21.e6?,Bxe6; 22.Bxa8,Txa8; 23.Dc2,Bc4!; 24.Tf2,Bd3; 25.Dd2,b4; 26.Rh1,b3!; 27.Tg2,Db7; 28.f5,a3; 29.f6,Bxf6; 30.Txa3,Txa3; 31.bxa3,Bc2!; 32.Tg1,Dc8; 33.a4,Df5; 34.a5,Df3+; 35.Tg2,h5; 36.Rg1,b2!; 37. Abd. *Se 37.Dxc2,Dxe3+ e a seguir,Dc1+ etc.*

- **Partida nº 12**

PAULSEN 0X1 MORPHY

Quatro Cavalos

1.e4,e5; 2.Cf3,Cc6; 3.Cc3,Cf6; 4.Bb5,Bc5; 5.0-0,0-0; 6.Cxe5,Te8; 7.Cxc6,dxc6; 8.Bc4,b5; 9.Be2,Cxe4; 10.Cxe4,Txe4; 11.Bf3,Te6; (*Se 11.c3,Dh4; etc*); 12.c3,Dd3; 13.b4,Bb6; 14.a4,bxa4; 15.Dxa4,Bd7; 16.Ta2,Tae8; 17.Da6,Dxf3!; 18.gxf3,Tg6+; 19.Rh1, Bh3; 20.Td1,Bg2+; 21.Rg1,Bxf3+; 22.Rf1,Bg2+; 23.Rg1,Bh3+; 24.Rh1,Bxf2; 25.Df1,Bxf1; 26.Txf1,Te2; 27.Ta1,Th6; 28.d4,Be3!!; 29.Abd. *Se, Bxe3, Negras dão Mate em dois lances.* È fácil *resolver!*

- **Partida nº 13**

JANOWSKI 0X1 LASKER

Campeonato Mundial-Paris – out./nov. 1909

2ª partida – Abertura dos Quatro Cavalos

1.e4,e5; 2.Cf3,Cc6; 3.Cc3,Cf6; 4.Bb5,Bb4; 5.0-0,0-0; 6.d3,d6; 7.Bg5,Bxc3; 8.bxc3,Ce7; 9.Bc4,Cg6; 10.Ch4,Cf4; 11.Bxf4,exf4; 12.Cf3,Bg4; 13.h3,Bh5; 14.Tb1,b6; 15.Dd2,Bxf3; 16.gxf3,Ch5; 17.Rh2,Df6; 18.Tg1,Tae8; 19.d4,Rh8; 20.Tb5,Dh6; 21.Tbg5,f6; 22.T5g4,g6; 23.Bd3,Te7; 24.c4,Cg7; 25.c3,Ce6; 26.Bf1,f5; 27.T4g2,Tf6; 28.Bd3,g5; 29.Th1,g4; 30.Be2,Cg5; 31.fxg4,f3; 32.Tg3,fxe2; 33.Abd

Explique: Por que as Brs abandonaram?

- **Partida nº 14**

GIOVANNI VESCOVI 1X0 JEFFERSON PELIKIAN

Campeonato Brasileiro-Brasilia, 1999

Abertura dos Quatro Cavalos

Um bom exemplo para quem gosta de decorar Aberturas. Uma partida que em seu 3º lance aparentava uma Escocesa, transpôs para Quatro Cavalos em seu 5º lance. Se o adversário não se dá conta disso, fica defendendo a Abertura errada.

1.e4,e5; 2.Cf3,Cc6; **3.d4**,exd4; 4.Cxd4,d6; **5.Cc3,Cf6**; 6.Cxc6,bxc6; 7.Bd3,Be7; 8.0-0,0-0 9.Te1,Tb8; 10.b3,Te8; 11.h3,Cd7; 12.Be3,Bf6; 13.Dd2,c5; 14.Tad1,Ce5; 15.Be2,Cd7; 16.Cd5,Cb6; 17.Cxf6+,Dxf6 ; 18.Bb5,Tf8; 19.e5,Dg6; 20.Bd3,Bf5; 21.exd6,cxd6; 22.Bxf5,Dxf5; 23.Dxd6,Dxc2; 24.Td2,De4; 25.Dxc5,h6; 26.Td4,Db7; 27.Ted1,Tbc8;

28.Df5,Tc6; 29.Tg4,Rh8; 30.Bd4,f6; 31.Be3,Tc7; 32.Dg6,f5; 33.Th4,Td7; 34.Bd4,Txd4;35.Thxd4,De7;36.a4,Rg8; 37.a5,Cc8; 38.Td7,De5; 39.Td8,De7; 40.Txf8+Dxf8; 41.Td7,Abd.

DEFESA PHILIDOR – Nesta defesa, criada pelo grande campeão Paul Danican Phillidor, as Negras decidem fortalecer o Peão de e5 liberando o Bispo da Dama em detrimento do Bispo do Rei e do próprio 0-0 adotando uma partida mais cerrada. Como toda Abertura ou Defesa precisa de muito estudo por seu praticante.

- **Partida nº 15**

BIRD 0X1 MORPHY

Defesa Phillidor

1.e4,e5; 2.Cf3,d6; 3.d4,f5; 4.Cc3,fxe4; 5.Cxe4; d5; 6.Cg3,e4; 7.Ce5,Cf6; 8.Bg5,Bd6; 9.Ch5,0-0; 10.Dd2,De8; 11,g4,Cxg4; 12.Cxg4,Dxh5; 13.Ce5,Cc6; 14.Be2,Dh3; 15.Cxc6,bxc6; 16.Be3,Tb8; 17.0-0-0,Txf2; 18.Bxf2,Da3; se *19.bxa3,Bxa3++*;

19.c3,Dxa2; 20.b4,Da1+; 21.Rc2,Da4+; 22.Rb2,Bxb4; 23.cxb4,Txb4+; 24.Dxb4,Dxb4+; 25.Rc2, *as Brancas aparentemente, conseguiram anular o forte ataque das Negras ficando com duas Torres contra Dama e mais um Bispo de vantagem assegurando superioridade material, mas o Xadrez é uma caixa de surpresas!*

25...., e3; 26.Bxe3,Bf5+; 27.Td3,Dc4+; 28.Rd2,Da2+; 29.Rd1,Db1+; 30.Abd.

a) *Se 30.Rd2,Dxh1; 31.Ta3,Dxh2; 32.Txa7,Bg4 etc – Cairá o Bispo de e2 e o restante a seguir. A Dama superior e mais os Peões compensando o Bispo a menos e as Negras não terão dificuldades para vencer a partida.*

b) *Se 30.Bc1,Bxe3; 31.Tf1,Dc2+; 32.Re1,Dxe2++; As peças brancas estão restringidas em seus movimentos nas defesas umas das outras e do próprio Rei. Enquanto isso, as Ngrs* vão fazer valer a maior mobilidade *e harmonia de suas peças para alcançar a vitória. O Rei branco centralizado é alvo fácil para as manobras da Dama e seguidamente, as peças brancas cairão.*

Bird percebendo sua impossibilidade de reverter o quadro, abandonou a partida.

- **Partida nº 16**

STEINITZ 1X0 MASON

Hastings, 1895

Defesa Phillidor

1.e4,e5; 2.Cf3,d6; 3.Bc4,Be7; 4.c3,Cf6; 5.d3,0-0; 6.Cbd2,Cc6; 7.Bb3,Be6; 8.Bc2,d5; 9.De2,Bd6; 10.Cf1,a6; 11.Cg5,Dd7; 12.Ce3,dxe4; 13.dxe4,Ce7; 14.f3,Bc5; 15.Cxe6,Dxe6; 16.Bb3,Dc6; 17.g4,Bxe3; 18.Bxe3,Cg6; 19.0-0-0,Tad8; 20.h4!,Txd1+, 21.Txd1,Te8; 22.h5,Cf8; 23.h6,g6; 24.g5,C6d7; 25.Bd5,Da4; 26.Bxb7,Dxa2; 27.Dxa6!,Db3; 28.Bd5,Db8; 29.Da2!,Te7; 30.Da8,Dxa8; 31.Bxa8,Ce6; *as Brs ficaram com Peão a mais, par de Bispos contra Cavalos em posição aberta – Bispos em vantagem – além de dois Peões contra um na Ala da Dama. Temos aqui duas verdades:*

a) ***Steinitz*** *– Conseguindo uma vantagem, reorganize suas peças para programar um ataque e ampliar sua vantagem;e*

b) ***Capablanca*** *– Conseguindo maioria de peões em uma das Alas, troque as peças iguais e ficará com um Final superior.* (Acrescente-se o mesmo, em caso de peça a mais).

Continuando: 32.Bd5,Cf4; 33.Bc6,Cf8; 34.Bc5!, Abd.

3.2. ABERTURA ESCOCESA

A Abertura Escocesa é uma abertura típica de ataque, procurando conseguir rapidamente o Controle do Centro.

- **Partida nº 17**

J. MIESES 0X1 R. SPIELMANN

Match, 1910

Abertura Escocesa

1.e4,e5; 2.Cf3,Cc6; 3.d4,exd4; 4.Cxd4,Bc5; 5.Be3,Bb6; 6.Bc4,d6; 7.Cc3,Cf6; 8.Cxc6,bxc6; 9.Bg5,0-0; *poderia, 9....,h6, 10.Bh4,Be6; mas Spielmann seguia ideias próprias.*

15.Bxf6,Cxf6; 16.f4,c5; 17.c4,d5*!; as Brancas ainda não trocaram e suas peças estão menos desenvolvidas; permitindo um sacrifício;*

18.exd5,Bxd5! 19.cxd5,Dxd5; *após o sacrifício do Bispo, as Negras ameaçam o Bispo e o Peão de g2, impedindo o Roque e contando ainda, com duas Colunas abertas para suas Torres;*

20.Dg3,Tfe8+; 21.Be2,Tbd8; 22.Cc3,Dd2+; 23.Rf1,Cd5!; *melhor que ...,Dxb2;* 24.Te1,Cxf4; 25.Df2,Td4; 26.g3,Ch3; 27.Df5,Dxb2; 28.Dxh3?,Dxc6; *a troca dos Cavalos só beneficiou as Negras. A Dama Branca foi afastada da defesa do Rei, enquanto as peças Negras tornam-se mais fortes em seu ataque;*

29.Df5,T5e4!; 30.Df2,Dd2; 31.Tg1,T4e6; 32.Tg2,Tf6; 33.Bf3,Txe1+ 34. Abd

Explique: Por que as Brs. abd?

- **Partida nº 18**

TCHIGORIN 1X0 STEINITZ

Campeonato Mundial-Havana: Jan-Fev, 1892

19ª Partida – Abertura Escocesa

1.e4,e5; 2.Cf3,Cc6; 3.d4,exd4; 4.Cxd4,Dh4; 5.Cb5,Dxe4+ 6.Be3,Rd8; 7.C1c3,De5; 8.Cd5,Cf6; 9.Cbxc7,Bd6; 10.f4,De4; 11.Bd3,Dxg2; 12.Tg1,Dxh2; 13.Df3,Cxd5; 14.Cxd5,Dh6; *por que tomar o Cavalo e não a Torre? Porque o Cavalo estava ativo no Centro e a Torre estava inativa e com sua captura,* não teria como sair com o Cavalo;

15.0-0-0,f5; 16.Bxf5,g6; 17.Cf6,Df8; *se 17...,gxf5; 18.Txe6,Tf8; 19.Dh5±;* 18.Bxd7!,Dxf6; se *18...,Bxd7; 19.Cxd7,Rxd7; 20.Bc5±;*

19.Bxc6,Rc7; 20.Be4,Tf8; 21.Tgf1,Bd7; 22.Td3!,Bc6; 23.Bxc6,gxc6; 24.Bd2,Bc5; 25.Bc3,Df7; 26.Be5+,Rb7; 27.Tfd1,Dc4; 28.Tc3,Db5; 29.Tb3,Bb4; 30.Td7+,Rb6; 31.Bc7+,Ra3; 32.Txb4, Abd

Se 32...,.Dxb4; 33.Dxf6+,Db6; 34.Bxb6,axb6; 35.Da4++

DEFESA ESCANDINAVA – Defesa típica de contra ataque ao Centro realizado pelas Negras.

- **Partida nº 19**

SPASSKY 1X0 BANKS

Vancouver, 1971 (OPEN)

Defesa Escandinava

1.e4,d5; 2.exd5,Cf6; 3.Bb5+,Bd7; 4.Bc4,Bg4; 5.f3,Bf5; 6.Cc3,Cbd7; 7.Cge2,Cb6; 8.d3,Cfxd5; 9.Cxd5,Cxd5; 10.Cg3,Dd7; 11.0-

0,h5; 12.d4,0-0-0; 13.Bb3,h4; 14.Ce4,e6; 15.De2,f6; 16.c4,Cb6; 17.Be3,Be7; 18.Tfd1,De8; 19.Bf2,g5; 20.a4,Dg6; 21.h3,g4; 22.hxg4,Bxe4; 23.fxe4,Cd7; 24.c5,Cf8; 25.d5!,Tg8; 26.d6,cxd6; 27.cxd6,Txd6; 28.Tac1+,Rd8; 29.Txd6+,Bxd6; 30.Dd1,Re7; 31.e5!,Bxe5; 32.Bc5+,Rf7; 33.Bxe6+,Rxe6; 34.Db3+,Rd7; 35.Dxb7+,Re6; 36.Td1,Dxg4; 37.Dd5+, Abd.

Explique: Por que as Ngrs abandonaram?

- **Partida nº 20**

FISCHER 1X0 ADDISON
Interzonal Palma de Maiorca, 1970
Defesa Escandinava

1.e4,d5; 2.exd5,Dxd5; 3.Cc3,Dd8*; o retorno da Dama, permite às Brancas o lance a mais e desenvolvimento ligeiramente melhor – 3x2 peças desenvolvidas;*

4.d4.Cf6; 5.Bc4,Bf5?; 6.Df3!,Dc8; *o lance do Bispo em f5 permitiu a dupla ação da Dama atacando o Bispo e o Peão de b7 – agora a Dama preta é obrigada a sair de sua ação no Centro para uma posição meramente defensiva;*

7.Bg5,Bxc2; 8.Tc1,Bg6; *o aparente ataque ao Bispo, visa na realidade, apoderar-se da Coluna c aberta, prevendo futura pressão sobre a Dama;*

9.Cge2,Cbd7; 10.0-0,e6; 11.Bxf6!,gxf6; *com desenvolvimento superior, as Brancas manobram pela Ala do Rei para o domínio do Centro;*

12.d5,e5; 13.Bb5!,Be7; 14.Cg3,a6; 15.Bd3,Dd8; 16.h4,h5; 17.Bf5!,Cb6; 18.Cce4,Cxd5; 19.Tfd1,c6; 20.Cc3,Db6; 21.Txd5!,cxd5; 22.Cxd5,Dxb2; 23.Tb1,Dxa2; 24.Txb7, Abd

- **Partida nº 21**

ADRIANO CALDEIRA 0X1 GIOVANNI VESCOVI
Campeonato Brasileiro-Semi Final – Itabirito,1998
2ª Partida – Defesa Escandinava

1.e4,d5; 2.exd5,Cf6; 3.Cf3,Dxd5; 4.Cc3,Da5; 5.d4,c6; 6.Bc4,Bf5; 7.Bd2,e6; 8.De2,Cbd7; 9.0-0-0,Bb4; 10.a3,Bxc3; 11.Bxc3, Dc7; 12.Bd2,b5; 13.Bd3,Bxd3; 14.Dxd3,0-0; 15.The1,c5; 16.Dxb5,Tab8; 17.Da5,Db7; 18.Bc3,c4; 19.Dg5,Cd5; 20.Cg1,C7f6; *o Bispo de c3* não pode abandon*ar a casa e o Cavalo de d7 é necessário para reforçar o ataque;*

21.f3,h6; 22.De5,Dc6; 23.Ce2,Tb5; 24.Dg3,Tfb8; 25.Rd2,Txb2!; 26.Bxb2,Txb2; 27.Cc3,Db6; 28.Cxd5,Cxd5; 29.Tc1,Dxd4+ 30.Re2,Ce3; 31. Abd

DEFESA PETROF – Também chamada de Partida Russa. As Negras respondem com contra ataque imediato ao Centro.

- **Partida nº 22**

FRANCISCO TERZIAN 0X1 GERD FONROBERT

Campeonato Brasileiro – Cabo Frio/RJ, 1984

Defesa Petrof

1.e4, e5; 2.Cf3,Cf6; 3.Cxe5,d6; 4.Cf3,Cxe4; 5.d4,d5; 6.Bd3,Bd6; 7.0-0,0-0; 8.c4,Bg4; 9.cxd5,f5; 10.h3,Bh5; 11.Cc3,Cd7; 12.Cxe4,fxe4; 13.Bxe4,Cf6; 14.Bf5,Rh8; 15.Dd3,Cxd5; 16.g4,Cb4; 17.De2,Txf5; 18.gxf5,Df6; 19.De4,Cc2; 20.Tb1,Te8; 21.Ce5,Cxd4; 22.f4,Dh4; 23.Dxd4,Bxe5; 24.Dd3,Bd4+!; *a Dama não pode capturar o Bispo porque leva Mate em 5 lances*; 25.Rg2,Te2+; 26.Rh1,Te3; 27.Bxe3,Dxh3+; 28.Rg1,Bxe3+; 29.Tf2,Dg3+ 30.Rh1,Dh4+; 31.Abd.

DEFESA ALEKHINE – Contra-ataque imediato ao Centro, com ideia de colocar as Brancas na defensiva logo na Abertura como houvesse uma inversão de cores.

- **Partida nº 23**

R. SPIELMANN 1X0 S. LANDAU

Match, 1933

Defesa Alekhine

1.e4,Cf6; 2.Cc3,d5; *Spielmann recomenda 2....,e5; entrando na Partida Vienense.* 3.e5,Cfd7; 4.e6!,fxe6; *as Negras são forçadas a capturar, expondo a Ala do Rei Negro a ataques.*

5.d4,Cf6;6.Cf3,c5; 7.dxc5,Cc6; 8.Bb5!,Bd7; 9.0-0,Dc7; 10.Te1,h6; 11.Bxc6,bxc6; 12.Ce5,g5; 13.Dd3,Tg8; 14.b4,Bg7?; 15.Dg6+,Rd8; 16.Df7,Be8; 17.Dxe6,Tf8; 18.b5,Ce4; 19.Txe4!, *atenção principiantes: a Torre vale mais que o Cavalo, certo? Nem sempre! Spielmann demonstra isso com sua reconhecida maestria.*

19....,dxe4; 20.Bf4! *aprendam com Spielmann a Arte do Sacrifício. Primeiro a Torre, agora o Bispo!!* 20...,Bxe5; 21.Bxe5,Dd7; 22.Td1,cxb5; 23.Txd7+,Bxd7; 24.Dxh6,Tg8; 25.c6,Be8; 26.Cxb5, Abd.

Por que as Ngrs abandonaram?

- **Partida nº 24**

GEOVANNI VESCOVI 0X1 RAFAEL LEITÃO

Match Final – Campeonato Brasileiro, 1998

1ª Partida – Defesa Alekhine

1.e4,Cf6; 2.e5,Cd5; 3.d4,d6; 4.Cf3,Bg4; 5.Be2,e6; 6.c4,Cb6; 7.exd6,cxd6; 8.Cc3,Be7; 9.h3,Bh5; 10.d5,e5; 11.g4,Bg6; 12.Be3,C8d7; 13.h4,h5; 14.g5,a6; 15.b3,Dc7; 16.Bd3,0-0; 17.Ce4,Bxe4; 18.Bxe4,g6; 19.Cd2,Cc5; 20.Dc2,Cxe4; 21.Dxe4,Cd7; 22.0-0,Cc5; 23.Bxc5,Dxc5; 24.Rh1,Tae8; 25.f4,exf4; 26.Tae1,Dc8; 27.Dg2,Dg4; 28.Dh2,Bd8; 29.Ce4,f3; 30.Tg1,Txe4; 31.Txg4,Txe1+ 32.Tg1,Tfe8; 33.Df2,T1e2; 34.Dg3,Bb6; 35.Tf1,T8e4; 36.Dh3,Tg4; 37.Abd.

GAMBITO DANÊS – GAMBITO DO CENTRO – ABERTURA CENTRAL – GAMBITO NÓRDICO – Diversas designações para a mesma abertura de acordo com o autor ou continuação; o que demonstra minha afirmação de sempre: não se preocupe em decorar nomes de aberturas. Embora tenha utilidade para o estudo específico de cada uma, o que importa mesmo, é a atuação delas em face dos Princípios da Abertura – partes integrantes da essência do Xadrez.

Vejamos:

3.3. GAMBITO DO CENTRO

- **Partida nº 25**

V. GOTTSCHALL 0X1 WAGNER

Torneio de Breslavia,1925

Gambito do Centro

1.e4,e5; 2.d4,exd4; 3.Dxd4?,Cc6; *(3.c3, levaria ao Gambito Danês considerado de melhor continuação)*; 4.De3,Cf6; 5.Bd2,Bb4; 6.Bd3,0-0; 7.Ce2,d5*!; as Negras, mais obedientes aos Princípios da Abertura, estão com maior domínio do Centro, mais desenvolvimento e Roque executado já no 6º lance como se houvesse uma inversão de cores;*

8.exd5,Te8; 9.Dg3,Bxd2+; 10.Cxd2,Cd4!; *impede o Roque e ameaça Ch5 ganhando a Dama;*

11.Dh4,Txe2+; 12.Bxe2,Cxc2+; 13.Rd1,Cxa1; 14.Dc4,Bf5; 15.g4,b5; 16.Df4,Bg6; *se 16.Dxb5,Tb8 recuperando o Peão e levando a Torre para o ataque pela Coluna aberta;*

17.h4,Cxd5; 18.Df3,Cc2; 19.h5,Cd4; 20.Dg3,Bc2+; 21.Re1,De7; 22.Abd. Não há como impedir a captura do Bispo e a entrada da Dama em linha de Mate.

3.4. DEFESA BRASILEIRA

Esse sistema, introduzido pelo MI Hélder Câmara tem como ideia jogar uma Defesa Índia contra e4 (Peão do Rei). Com isso, rompe com o dogma tradicional de NÃO MOVER A DAMA nos primeiros lances da abertura. Helder Câmara denomina a Defesa Brasileira como DEFESA CÂMARA. Justiça a quem teve tão brilhante posicionamento em relação aos dogmas pré-estabelecidos.

Eu mesmo já tive ideia semelhante na Abertura Italiana – Giuco Piano – adotando a ideia do Gambito Evans jogando b4, em vez de d4. Surpreendi vários adversários. Claro, em patamar mais baixo! (1.e4,e5; 2.Cf3,Cc6; 3.Bc4,Bc5; 4.c3,Cf6; 5.b4).

"A Defesa Câmara (1 e4 e5 2 Cf3 De7!?) tem sua origem entre os anos de 1952 e 1953, aparecendo oficialmente em 1954, durante o Torneio Nacional Comemorativo do IV Centenário da Cidade de São Paulo (out. 1954) e o XXII Campeonato Brasileiro de Xadrez de 1954 (Nov./dez. 1954), realizados em São Paulo." (H. Câmara - www.Helder câmara.com.br/teoria).

- **Partida nº 26**

Waldemar Santacruz de Oliveira 0 x 1 Hélder Câmara
XXII Camp. Brasileiro de Xadrez, São Paulo, 1954
Defesa Câmara

1.e4,e5; 2.Cf3,De7; 3.b3,d6; 4.Cc3,c6; 5.Be2,g6; 6.d3,Bg7; 7.Bg5,Cf6; 8.h3,Cbd7; 9.Dd2,h6; 10.Be3,d5; 11.exd5,cxd5; 12.d4,e4; 13.Ch2,a6; 14.0-0,Cb6; 15.f3,Ch5 16.fxe4,Cg3; 17.Cxd5 ,Cxd5; 18.exd5, Cxf1; 19.Txf1,0-0; 20.Bd3,g5; 21.c4,f5; 22.c5,f4; 23.Bf2,h5; 24.Bc4,Df6; 25.Td1,g4; 26.hxg4,Bxg4; 27.Te1,Tae8; 28.Txe8,Txe8; 29.a4,f3; 30.g3,Rh8; 31.Cxg4,hxg4; 32.d6,Dg6; 33.d5,Db1+ 34.Bf1,Dg6; 35.Db4,Df5; 36.Dxb7,Dc2; 37.d7?,Dxf2+!; 38.Abd

Se *38.Rxf2,Bd4++ se não captura, #2*

3.5. DEFESA FRANCESA

Uma defesa de contra ataque direto ao centro, buscando uma ruptura imediata no Centro, ou o avanço prematuro do Peão de e4. É uma defesa sólida e requer muita atenção de ambos jogadores em sua execução, como, alíás, em qualquer Abertura ou Defesa.

- **Partida nº 27**

SILVIO MENDES 0X1 J. T. MANGINI
Campeonato Brasileiro 1958
Defesa Francesa

1.e4,e6; 2.d3,d5; 3.Cd2,Cf6; 4.g3,dxe4; 5.dxe4,Cc6; 6.Bg2,e5; 7.Cgf3,Be6; 8.0-0,Dd7; 9.c3,0-0-0; 10.Da4,Bh3; 11.Db5,a6; 12.Dc4,h6; 13.Bxh3,Dxh3; 14.Dxf7,Cg4; 15.Cc4,Bc5; 16.Ce3,Bxe3; 17.Bxe3,Thf8; 18.De6+,Rb8; 19.Tfd1,Txf3; 20.Bc5,Dxh2+; 21.Rf1,Ce3+; 22. Abd

- **Partida nº 28**

SPASSKY 1X0 PORTISCH
Buenos Aires, 1978
Defesa Francesa

1.e4,e6; 2.d4,d5; 3.Cc3,Bb4; 4.e5,c5; 5.a3,Bxc3+; 6.bxc3,Dc7; 7.Cf3,Ce7; 8.a4!,b6; 9.Bb5+,Bd7; 10.Bd3,Cbc6; 11.0-0,h6; 12.Te1,0-0; 13.Bd2,c4; 14.Bf1,f6; 15.g3,Cg6; 16.Bh3!,fxe5; 17.dxe5,Tf7; 18.Bg4!,Cge7; 19.Cd4!,Cxd4; 20.cxd4,c3; 21.Bc1,Cf5; 22.Bh5,T7f8; 23.Ba3,Dc4; 24.Bxf8,Txf8; 25.Ta3!,Bxa4; 26.Da1!,b5; 27.Txc3,Dxd4; 28.Tc6!,Dxa1; 29.Txa1,Cd4; 30.Tc7,a5; 31.f4,Rh7; 32.Bd1,Ta8; 33.Rf2,Rg6; 34.g4,h5; 35.Re3, Abd

- **Partida nº 29**

FISCHER 1X0 MEDNIS
Defesa Francesa

1.e4,e6; 2.d4,d5; 3.Cc3,Bb4; 4.e5,c5; 5.a3,Bxc3+; 6.bxc3,Dc7; 7.Cf3,b6; 8.a4,Ba6; 9.Bxa6,Cxa6; 10.Dd3,Cb8; 11.0-0,Ce7; 12.a5,bxa5; 13.Ba3,Cd7; 14.dxc5,Cc6; 15.c4!,dxc4. *Observe: as peças se equivalem, as Brs podem capturar o Peão de c4 mas perderão seu importante Peão de e5. Fischer teve a melhor solução: Nova-*

mente Capablanca - "Conseguindo maioria de Peões numa das alas, troque as peças iguais e vencerá no Final de Peões".

16.Dd6,Dxd6; 17.exd6,0-0; *veja agora o resultado: Fischer ficou com dois Peões passados e apoiados perigosamente na 5ª e 6ª linha. Se for trocado um Cavalo por outro, as Brs terão Bispo contra Cavalo em posição aberta – vantagem para o Bispo sobre o Cavalo – os dois Peões passados brancos estão unidos, enquanto os dois Peões passados das Negras estão isolados na mesma Coluna. Basta uma peça para segurar os dois; já as Negras precisarão de duas peças para impedirem o avanço dos peões brancos. A vantagem das Brs é decisiva!*

18.Cd2,Cd4; 19.Cxc4,Tfc8; 20.Ta2,Cxc5; 21.Cxa5,Cd7; 22.c4,Cc6; 23.Cxc6,Txc6; 24.c5,f6; 25.Tb1,Tac8; 26.h3,Cxc5; 27.Tc2,Cd7; 28.Txc6,Txc6; 29.Tb7,Cb6; 30.d7,Cxd7; 31.Txd7, Abd

- **Partida nº 30**

R. SPIELMANN 1X0 L' HERMET

Magdeburgo, 1927

Defesa Francesa

1.e4,e6; 2.d4,d5;3.Cd2,dxe4; 4.Cxe4,Cd7;5.Cf3,Cf6; 6.Cxf6,Cxf6;7. Bd3,h6?; 8.De2,Bd6?; *Segundo Spielmann, h6 e Bd6 são lances débeis proporcionando ataque das Brs na Ala do Rei, via g4-g5 recomendando b6 jogado por Rubinstein como melhor*;

9.Bd2,0-0; 10.0-0-0,Bd7; 11.Ce5,c5; 12.dxc5,Bxe5; 13.Dxe5,Bc6; 14.Bf4,De7; 15.Dd4!,Tfd8; 16.Bd6,De8; 17.Thg1,b6; 18.Dh4,bxc5; 19.Be5!,De7?; 20.g4,c4; 21.g5!,Cd7; 22.Dxh6!gxh6; *trocar a Dama que vale 9 por um Peão de 1?* Como Spielmann prova mais uma vez, os valores das peças mudam de acordo com a posição na partida;

23.gxh6+desc,Rf8; 24.Tg8+, Abd. *Se 24...,Rxg8; 25.h7+,Rf8,h8D ou T ++)*

Nesta partida, Spielmann com duas peças atacadas (Bispos) sacrifica a Dama e, a seguir, a Torre para dar Mate. Simplesmente Brilhante!!

3.6. DEFESA CARO-KANN

A exemplo da Francesa busca, também, um contra ataque imediato ao Centro com a vantagem de não fechar o caminho do Bispo de c8 (Bispo da Dama).

- **Partida nº 31**

TAL 1X0 SMYSLOV

Bled, 1959

Defesa Caro-Kann

1.e4,c6, 2.d3!?,d5 (O usual é 2.d4, mas Tal, tem ideia de transpor a partida para uma Defesa India do Rei na Abertura do Peão da Dama com um lance a mais);

3.Cd2,e5; 4.Cgf3,Cd7; 5.d4!,dxe4; 6.Cxe4,exd4; 7.Dxd4,Cgf6 *as Brancas conseguiram o domínio do Centro e melhor desenvolvimento de suas peças*;

8.Bg5,Be7; 9.0-0-0,0-0; 10.Cd6,Da5; 11.Bc4!,b5; 12.Bd2!,Da6; *aqui, um principiante protegeria o Bispo em b3, mas Tal "é o tal".*

13.Cf5,Bd8; 14.Dh4,bxc4; 15.Dg5,Ch5; 16.Ch6+,Rh8; 17.Dxh5,Dxa2; 18.Bc3,Cf6; 19.Dxf7!!,Da1+; 20.Rd2,Txf7; 21.Cxf7+,Rg8; 22.Txa1, Rxf7; 23.Ce5+, Re6; 24.Cxc6, Ce4+; 25.Re3, Bb6+; 26.Bd4,Abd.

Nesta partida, Tal nos dá outro exemplo do valor relativo das peças: primeiro deixou o Bispo ser capturado sabendo das compensações posteriores. Depois, no lance 19, um principiante tomaria f7 com o Cavalo – com a Dama? Nem pensar! – No entanto, o sacrifício da Dama foi corretíssimo.

- **Partida nº 32**

BOTVINNIK 1X0 SALO FLOHR

Defesa Caro-Kann

1.e4,c6; 2.d4,d5; 3.exd5,cxd5; 4.c4,Cf6; 5.Cc3,Cc6; 6.Bg5,dxc4; 7.d5,Ce5; 8.Dd4,Cd3+; 9.Bxd3,cxd3; 10.Cf3,g6; 11.Bxf6,exf6; 12.0-0,Db6; 13.Tfe1+,Rd8; 14.Dh4,g5; 15.Dh5,Bd6; 16.Dxf7,Tf8; 17.Dxh7,g4; 18.Cd2,Dc7; 19.Dh6,Df7; 20.Cc4,Be5; 21.Cxe5,fxe5; 22.Dg5+,De7; 23.Dxe5,Dxe5; 24.Txe5,Bf5; 25.Tf1,Rd7; 26.f3,b5; 27.fxg4,Bxg4; 28.a3,Txf1+ 29.Rxf1,Tf8+ 30.Re1,b4; 31.Ce4,Bf5; 32.g4,Bg6; 33.Te6, Abd

- **Partida nº 33**

R. SPIELMANN 1X0 S. TARTAKOVER
Munich, 1909
Defesa Caro-Kann

1.e4,c6; 2.d4,d5; 3.Cc3,dxe4; 4.Cxe4,Cf6; 5.Cg3,e5; 6.Cf3,exd4; 7.Cxd4,Bc5; 8.Be3,Db6; 9.De2,0-0; 10.0-0-0,Cd5?; 11.Dh5,Cf6; 12.Dh4,Bg4; 13.Bd3!,Bxd1; 14.Txd1,Cbd7; 15.Cgf5,Ce5?; 16.Cxg7!,Dd8; 17.C7f5,Cg6; 18.Dh6,Ce8; 19.Cf3!,Bxe3+; 20.fxe3,Df6; 21.Cg5,Dh8; 22.Ce7+, Abd (*Se 22....,Cxe7; Brs #2)*

- **Partida nº 34**

PAULO DUARTE 0X1 ORLANDO ROÇAS
Campeonato Brasileiro – Nova Friburgo/RJ, 1944
Defesa Caro-Kann

1.e4,c6; 2.Cc3,d5; 3.Cf3,Bg4; 4.d4,e6 *houve uma inversão de lances sem prejuízo para a Defesa adotada*;

5.Bd3,Cd7; 6.0-0,dxe4; 7.Cxe4,Cgf6; 8.Cg3,Bd6; 9.h3,Bxf3; 10.Dxf3,Dc7; 11.Bd2,0-0; 12.Tae1,c5; 13.c3,cxd4; 14.cxd4,Tac8; 15.Ce4, Be7; 16.Bf4,Db6; 17.Be5,Dxb2; 18.Cxf6+Bxf6; 19.De4,g6; 20.Tb1,Dxa2; as Ngrs ficaram com 2 Peões a mais e passados na Ala da Dama. Segundo Capablanca, com troca de peças iguais, as Ngrs deverão ganhar o Final.

21.Bd6,Tfd8;22.Dxb7,Bxd4;23.Be7,Cc5;24.Bxc5,Txc5;25.De7,Tcd5; 26.Tb7,Tf8; 27.Be4,Te5; 28.Bc6,Te1; 29. Abd.

3.7. DEFESA SICILIANA

O Objetivo da Siciliana é abrir a Coluna c para manobrar na Ala da Dama.

O Peão do Rei branco não é trocado como na Caro Kaan e seu avanço, frequentemente, é prematuro.

É um alvo de ataque para as Negras, mas também uma base para o ataque das Brancas que devem contra-atacar a iniciativa das Negras na Ala da Dama, com manobras na Ala do Rei.

- **Partida nº 35**

HERMES AMILCAR 1X0 DIRK VAN RIEMSDIJK
Campeonato Brasileiro – Fortaleza, 1989
Defesa Siciliana

1.e4,c5; 2.Cf3,e6; 3.d4,cxd4; 4.Cxd4,a6; 5.Bd3,Dc7; 6.0-0,Cf6; 7.Be3,d5; 8.Cc3,dxe4; 9.Cxe4,Cxe4; 10.Bxe4,Cd7; 11.Cxe6,fxe6 (*Aplicação do Mate do Louco*); 12.Dh5+,Re7; 13.Tad1,g6; 14.Bxg6,hxg6; 15.Dxh8,Rf7; 16.Dh7+,Rf6; 17.h4,Bg7; 18.Bg5+,Rf7; 19.Bh6,De5; 20.Td3, Abd.

Agora veem alguns "instrutores" afirmar: para que ensinar o Mate do Louco? Não tem nenhuma validade! Só vai ser dado contra crianças que não sabem jogar Xadrez! Qual o mérito disso?

Como sempre afirmo: o importante não é o Mate em si, mas sua aplicação durante uma partida. Riemsdjik é um dos maiores valores do Xadrez brasileiro. Ostentava, na época, seu terceiro título de Campeão Brasileiro (1970, 1973, 1988) e foi surpreendido por Hermes Amilcar, outro forte talento que infelizmente abandonou precocemente as competições de Xadrez.

- **Partida nº 36**

SPASSKY 1X0 SOSONKO
Torneio Internacional de Tilburg – 1978
Defesa Siciliana

1.e4,c5; 2.b3,Cc6; 3.Bb2,Cf6; 4.e5,Cd5; 5.Cf3,d6; 6.Bc4,dxe5; 7.Cxe5,Cxe5; 8.Bxe5,e6; 9.Cc3,Cxc3; 10.Bxc3,Bd7; 11.0-0,Bd6; 12.Dg4,Tg8; 13.Tae1,g6; 14.f4,h5; 15.Dh3,De7; 16.f5,gxf5; 17.Txf5,Tg6; 18.Tf2,Dg5; 19.Bd3,0-0-0; 20.Txf7,Tdg8; 21.Bxg6,Dxg6; 22.Tf6,Dxc2; 23.Dxh5,Bc6; 24.Tf2,Dd3; 25.De2,Abd.

- **Partida nº 37**

KERES 1X0 ELISKASES
Torneio de Semmering-Baden - 1937
Defesa Siciliana

1.e4,c5; 2.Cf3,d6; 3.b4,cxb4; 4.d4,Cf6; 5.Bd3,d5; 6.Cbd2,dxe4; 7.Cxe4,Cbd7; 8.Ceg5!,Dc7; 9.c4!,h6; 10.Ch3,g5? 11.Chg1,Bg7; 12.Ce2,e5; 13.Cg3,0-0; 14.0-0, e4!; 15.Cxe4,Cxe4; 16.Bxe4,Dxc4; 17.Bd3,Dd5; 18.Te1,g4; 19.Ch4,Cb6; 20.Tb1,Bd7; 21.Te4!,Tfe8; 22.Tf4, Dd6; 23.Bd2,Cd5; 24.Txg4!,Bxg4; (*quem vale mais?*) 25.Dxg4,Df6;

26.Cf5,Rf8; 27.Cxg7,Dxg7; 28.Dh5!,Cf6; 29.Dh4,h5; 30.Txb4,Tac8; 31.h3,Tc7; 32.Tb5,Te6; 33.Txh5! Abd.

Se 33...,Cxh5; 34.Dd8+,Te8; 35.Bb4+ e as Brs dão #3

Exercício: O que aconteceria se após 9.c4,bxc3 ep?

- **Partida nº 38**

SMYSLOV 0X1 BOTVINNIK

Campeonato Mundial – Moscou, 1954

15ª Partida – Defesa Siciliana

1.e4,c5; 2.Cc3,Cc6; 3.g3,g6; 4.Bg2,Bg7; 5.d3,d6; 6.Cge2,e5!; 7.Cd5,Cge7; 8.c3?,Cxd5; 9.exd5,Ce7; 10.0-0,0-0; 11.f4,Bd7; 12.h3?,Dc7; 13.Be3,Tae8; 14.Dd2?,Cf5; 15.Bf2,h5; 16.Tae1,Dd8; 17.Rh2,Bh6; 18.h4,Df6! 19.Be4,exf4; 20.Cxf4,Cxh4; 21.Be3,Cf5; a*s Ngrs conseguiram 1 Peão de vantagem além de maioria na Ala do Rei. Seguindo Capablanca, se trocarem peças iguais vencerão o Final com 3 Peões contra um.*

22.Bxf5,Dxf5; 23.Dg2,Dg4; 24.De2,Dxe2+ 25.Txe2,Te5; 26.T2e1,Tfe8; 27.Bf2,h4; 28.Txe5,Txe5; 29.d4,hxg3+ 30.Rxg3,Tg5+; 31.Rh2,Tf5; 32.Be3,cxd4; 33.cxd4,Rh7; *Temos aqui, novamente, Capablanca: uma posição típica de peças equivalentes . Porém as Ngrs têm 2 Peões passados e protegidos na Ala do Rei. Por um lado, as Brs* não podem usufruir do Peão a mais na Ala da Dama porque estão dobrados e imobilizados por um único Peão. Por outro lado, embora equivalentes, os dois Bispos pretos são superiores a Cavalo e Bispo por ser uma pos*ição aberta (poucos Peões no Tabuleiro) se forem trocadas as peças iguais, as Ngrs ganham o Final.*

34.Tf2,g5; 35.Ce2,Txf2+; 36.Bxf2,f5; 37.Abd

3.8. DEFESA PIRC

- **Partida nº 39**

KARPOV 1X0 TIMMAN

Torneio Internacional de Montreal – 1979

Defesa Pirc

1.e4,d6; 2.d4,Cf6; 3.Cc3,g6; 4.g3,Bg7; 5.Bg2,0-0; 6.Cge2,e5; 7.0-0,Ca6; 8.Te1,c6; 9.h3,Te8; 10.Bg5,h6; 11.Be3,Dc7; 12.Dd2,Rh7; 13.Tad1,Bd7; 14.g4,Tad8; 15.Cg3,Bc8; 16.f4,b5; 17.a3,b4;

18.axb4,Cxb4; 19.Cce2,exd4; 20.Cxd4,a5; 21.c3,Ca6; 22.Dc2,Bd7; 23.Cf3,Te7; 24.Bf2,Be8; 25.Dd3,Db7; 26.Ta1,Cc7; 27.Txa5,T8d7; 28.b4,Ce6; 29.Be3,c5; 30.f5!,Cd8; 31.b5,Rh8; 32.Bf2,Dc7; 33.Ta4,Db8; 34.c4,Ta7 a *situação das Ngrs* é crítica: *as Brs conseguiram um Peão a mais passado e apoiado na Ala da Dama. Final, claramente, vencedor*; 35.Txa7,Txa7; 36.e5,dxe5; 37.Cxe5,Ta2; 38.Bxc5; Abd.

- **Partida nº 40**

LJUBOJEVIC 0X1 TIMMAN
Torneio Internacional de Tilburg – 1978
Defesa Pirc

1.e4,d6; 2.d4,Cf6; 3.Cc3,g6; 4.f4,Bg7; 5.Cf3,c5; 6.dxc5,Da5; 7.Bd3,Dxc5; 8.De2,0-0; 9.Be3,Da5; 10.0-0,Bg4; 11.Df2,Bxf3; 12.Dxf3,Cc6; 13.Ce2,Cd7; 14.c3,C7e5; 15.fxe5,Cxe5; 16.Dh3,Cxd3; 17.Dd7,Da6; 18.Dxe7,Tae8; 19.Dh4,d5; 20.Cg3,f5; 21.e5,f4! (*Aplicação do Mate de Phillidor*); 22.Bxf4,Db6+; 23.Rh1,Cf2+ 24.Txf2,Dxf2; 25.Tf1,Dxb2; 26.Dg5 e Abd. As Ngrs ficaram com vantagem material e captura iminente dos Peões da Ala da Dama. Final vencedor.

> **NOTA:** O lance 24.Txf2 era forçado, do contrário levariam o Mate de Phillidor. (*24.Rg1,Ch3+dpl; 25.Rh1,Dg1+!!; 26.Txg1,Cf2++).*

- **Partida nº 41**

LARSEN 0X1 HORT
Torneio Internacional de Montreal – 1979
Defesa Pirc

1.e4,d6; 2.f4,g6; 3.Cf3,Bg7; 4.d4,c5; 5.d5,Cf6; 6.Cc3,0-0; 7.a4,e6; 8.dxe6,Bxe6; 9.Be2,d5; 10.e5,Ce4; 11.Cxe4,dxe4; 12.Dxd8,Txd8; 13.Cg5,Bd5; 14.Be3,h6; 15.Ch3,Bf8; 16.Cf2,Ca6; 17.0-0-0,Cc7; 18.b3,Bc6; 19.Txd8,Txd8; 20.Td1,Txd1+; 21.Rxd1,b6; 22.Rd2,Bg7; 23.g3,f5; 24.exf6 ep,Bxf6; 25.Cg4,Bg7; *para as Ngrs* não é interessante, *no momento, a troca de seu forte Bispo pelo Cavalo*;

26.f5,Cd5; 27.Bc4,Rh7; 28.Bxd5,Bxd5; 29.fxg6+,Rxg6; 30.c4,h5; 31.Cf2,Bc6; 32.Ch3, Rf5; *o Final se aproxima, é necessário levar o Rei para a linha de frente em apoio ao ataque*;

33.Cf4,Rg4; 34.Re2,Be5; 35.Cd5,Rh3; 36.Bf4,Bd4; *para as Negras, com maior mobilidade de suas peças, não interessam as trocas e, sim, explorar as debilidades das Brancas*;

37.Bb8,Bd7; 38.Bxa7,Rxh2; 39.Bxb6,Bg4+; 40.Rf1,Rxg3; 41.Bc7+, Rf3; 42.Cf4,Bf2; 43.Br. Abd.

3.9. MANOBRAS PELAS ALAS

3.9.1 ABERTURA INGLESA

É uma Abertura de ataque pela Ala da Dama. Corresponde a uma Siciliana jogada pelas Brancas com um lance a mais.

- **Partida nº 42**

LUIZ TAVARES 1X0 OLÍCIO GADIA

Campeonato Brasileiro -Brasília,1964

Abertura Inglesa

1.c4,g6; 2.Cc3,Bg7; 3.g3,e5; 4.Bg2,Ce7; 5.d3,0-0; 6.h4,c6; 7.h5,d5; 8.hxg6,fxg6; 9.cxd5,cxd5; 10.Bg5,Db6; 11.Bxe7,Dxf2+; 12.Rd2,Dxg2; 13.Bxf8,Dxh1; 14.Bxg7,Rxg7; 15.Db3,d4; *aparentemente, as Ngrs estão bem: um Peão a mais, Bispo e Cavalo versus 2 Cavalos e devastaram a Ala do Rei com sua Dama;*

mas se observarmos bem, as Ngrs têm apenas sua Dama desenvolvida contra todas as peças brancas;

16.Ce4,Dh6+; 17.Rc2,g5; 18.Tf1,De6; 19.Db4,De8 *para as Brs* não interessa a troca das Damas por ajudar o desenvolvimento do Bispo preto;

20.Cxg5,Ca6; 21.Db3,h6; 22. Tf7+,Rg6; 23.C5f3,Be6; 24.Cxe5+,Rh5; 25.Dxb7,Da4+; 26.Rd2,Da5+; 27.Rd1,Dxe5; 28.Tg7,Bd5; 29.Cf3,Abd.

Observar nesta partida: enquanto a Dama preta corre pelo Tabuleiro caçando as peças Brancas, suas peças da Ala da Dama estão inertes.

EXERCÍCIO:

As Negras estão com peça a mais por 2 Peões. Conseguiram desenvolver suas peças, a Dama Br não pode capturar o Cavalo em a6 porque perde a Torre e tanto a Dama quanto o Cavalo de f3, estão sob ataque do Bispo. Por que abandonaram?

- **Partida nº 43**

EDUARDO GOUVEIA 1X0 GERARDO FROTA

Campeonato Brasileiro - Caxias do Sul,1975

Abertura Inglesa

1.g3,Cf6; 2.Bg2,g6; ***3.c4,***Bg7 (*Inglesa por inversão de lances)*; 4.Cc3,0-0; 5.e3,e5; 6.Cge2,c6; 7.0-0,Te8; 8.d4,e4; 9.Bd2,d5; *observe a sólida estrutura das Brs com amplo controle do Centro*; 10.cxd5,cxd5; 11.Cf4,g5; 12.Ch5,Cxh5; 13.Dxh5,Bf5; 14.f4,h6; 15.fxg5,Bg6; 16.De2,Dxg5; 17.Db5,Cc6; 18.Dxd5,De7; 19.Db3,h5; 20.Cd5,Dd6; 21.Cf4,h4; 22.gxh4,Cxd4; 23.exd4,e3; 24.Cxg6,exd2; 25.Dxf7+Rh7; 26.h5,Dxd4+ 27.Rh1,Tad8; 28.Tad1,Te2; 29.Cf4,Tf2; 30.Df5+Rg8; 31.Bd5+, Abd.

Gouveia nos dá, nesta partida, uma verdadeira aula de estratégia:

1º Joga uma Abertura Inglesa por inversão de lances; o que pode induzir o adversário a adotar uma defesa errada;

2º Apresenta-nos uma estrutura sólida na Abertura conquistando o Controle do Centro;

3º Aproveitando ainda a melhor mobilidade de suas peças, vai minando as defesas do adversário estimulando o avanço do Peão central numa precária esperança de promoção;e

4º Finalmente, como uma "Espada de Damocles" na presença do Peão fortemente apoiado em d2, em como desenvolver uma tática de Final com a cooperação de todas as suas peças em ataque avassalador.

Nota do autor: Considero Eduardo Gouveia como um dos maiores talentos do Xadrez Brasileiro e tenho total convicção que em seu apogeu poderia ter conquistado o título de Mestre, ou mesmo de Grande Mestre Internacional.

- **Partida nº 44**

HELDER CÂMARA 0X1 MARCOS PAOLOZZI

Campeonato Brasileiro – São Paulo,1983

Abertura Inglesa

1.Cf3,Cf6; 2.c4,c5; 3.Cc3,d5; 4.cxd5,Cxd5; 5.g3,Cc6; 6.Bg2,Cc7; 7.0-0,g6; 8.d3,Bg7; 9.Ca4,b6; 10.Be3,0-0; 11.Tc1,Bb7; 12.Dd2,e5; 13.Bh6,Te8; 14.Bxg7,Rxg7; 15.b3,Dd7; 16.Tfe1,Tad8; 17.Tc4,Cd4; 18.Cxd4,Bxg2; 19.Cf5+,Dxf5; 20.Rxg2,e4; 21.Db2+,Rg8; 22.dxe4,Txe4; 23.Tc2,Ce6; 24.Cc3,Cg5; 25.Tcc1,Dh3+; 26.Rg1,Ted4; 27.Tcd1,De6; 28.Rg2,Txd1; 29.Cxd1,De4+; 30. Abd.

3.9.2 GAMBITO DO REI

O Gambito do Rei visa o ataque ao Centro pela Ala do Rei, abrindo a Coluna **f** para a Torre do Rei após o Roque.

- **Partida nº 45**

E. SCHULTEN 0X1 PAUL MORPHY
Nova York, 1857
Gambito do Rei

1.e4,e5; 2.f4,d5! 3.exd5,e4! 4.Cc3,Cf6; 5.d3,Bb4; 6.Bd2,e3! 7.Bxe3,0-0; 8.Bd2, Bxc3; 9.bxc3,Te8+; 10.Be2,Bg4; 11.c4?,c6! 12.dxc6?,Cxc6; 13.Rf1,Txe2!; *quem vale mais: a Torre ou o Bispo?* 14.Cxe2,Cd4; 15.Db1,Bxe2+ 16.Rf2,Cg4+: 17.Rg1,Cf3+!; *e agora, quem vale mais: o Cavalo ou o Peão? Dois belos sacrifícios*);

18.g2xf3,Dd4+ 19.Rg2,Df2+; 20.Rh3,Dxf3+; 21.Rh4,Ce3; 22.Tg1,Cf5+; 23.Rg5,Dh5++

Morphy com sua genialidade demonstra a grande verdade do valor relativo das peças. Primeiro uma Torre por um Bispo, depois um Cavalo por Peão e finalmente, um belo arremate.

- **Partida nº 46**

SPASSKY 1X0 FISCHER
Mar Del Plata, 1960

GAMBITO DO REI

1.e4,e5; 2.f4,exf4; 3.Cf3.g5; 4.h4,g4; 5.Ce5,Cf6; 6.d4,d6; 7.Cd3,Cxe4; 8.Bxf4,Bg7; 9.Cc3,Cxc3; 10.bxc3,c5; 11.Be2,cxd4; 12.0-0,Cc6; 13.Bxg4,0-0; 14.Bxc8,Txc8; 15.Dg4,f5; 16.Dg3,dxc3; 17.Tae1,Rh8; 18.Rh1,Tg8; 19.Bxd6,Bf8; 20.Be5+Cxe5; 21.Dxe5+,Tg7; 22.Txf5,Dxh4+ 23.Rg1,Dg4; 24.Tf2,Be7; 25.Te4,Dg5; 26.Dd4,Tf8; 27.Te5,Td8; 28.De4,Dh4; 29.Tf4, Abd

- **Partida nº 47**

LASKER 1X0 JANOWSKI
Campeonato Mundial – Berlim,1910
11ª Partida
Gambito do Rei

1.e4,e5; 2.f4,Bc5; 3.Cf3,d6; 4.c3,Bg4; 5.d4,Bxf3; 6.gxf3,Dh4+; 7.Re2,Bb6; 8.Ca3,f5; 9.Cc4,fxe4; 10.f4xe5,dxe5; 11.Cxe5,Cc6; 12.Cxc6,bxc6; 13.Bg2,Dh5; 14.Be3,Db5+; 15.Rf2,Ce7; 16.fxe4,Dxb2+; *após as trocas, Lasker ficou com maioria de Peões na Ala da Dama e um Peão passado no Centro. Trocando as peças iguais vencerá no final.* 17.Dd2,0-0+; 18.Re2,Db5+; 19.Dd3,Dh5+; 20.Rd2,c5; 21.Dc4+,Rh8; *Janowski sabe que não pode trocar peças, mas sua situação é crítica*;

22.dxc5,Ba5; 23.Taf1,Dg4; 24.Thg1,Cf5; 25.Txf5,Txf5; 26.Rc2,Tb8; 27.Bf1,Dh4; 28.exf5,Dxh2+; 29.Tg2,De5; 30.Bd4, Abd.

ABERTURA BIRD – A Abertura Bird é uma abertura de manobras pelas Alas. No caso, a Ala do Rei. Uma espécie de simetria com a Abertura Inglesa, com o propósito de controlar a casa e5.

- **Partida nº 48**

OCTÁVIO TROMPOWSKY 1X0 WALTER CRUZ

Campeonato Brasileiro, 1940 – 2ª Partida

Abertura Bird

1.f4,d5; 2.e3,g6; 3.Cf3,Bg7; 4.c4,Cf6; 5.Cc3,0-0; 6.Db3,e6; 7.Ce5,c5; 8.Be2,Cc6; 9.Cxc6,bxc6; 10.0-0,Da5; 11.d3,Ba6; 12.Bd2,Tab8; 13.Dc2,Dc7; 14.Tad1,Cd7; 15.e4,d4; *Trompowsky estimulou o avanço do Peão preto, para com seu Cavalo pressionar o Peão débil de c5. Com isto, sua estrutura superior de Peões se defendem por si, enquanto as Negras precisarão ter uma peça responsável pela defesa de seu Peão.*

16.Ca4,e5; 17.f5,Dd6; 18.Dc1,Tfe8; 19.Tf3,gxf5; 20.Txf5,f6; *com a posição consolidada no Centro e na Ala da Dama, as Brs partem ao ataque na Ala do Rei onde têm vantagem posicional;*

21.Tdf1,Te7; 22.De1,Cb6; 23.Cxb6,axb6; 24.Dg3,Tf8; *se 24.Dh4,Tf8; 25.Bh6,Bc8; 26.Th5,Bxh6; 27.Txh6,Tg7; 28.T1xf6,Txf6; 29.Txf6,De7 e as Ngrs conseguem refutar o ataque das Brs;*

25.Th5,Bc8; 26.Dh4,f5; 27.exf5,Bf6; 28.Dh3,Rh8; 29.Bf3,Bd7; *nova pressão sobre um Peão débil resultando em melhoramento da posição do Bispo branco*;

30.Be4,Tef7; 31.g4,Tg8; 32.Rh1, Tfg7; 33.g5,Bd8; *se 33...,Bxg5; 34.Txg5,Txg5; 35.Bxg5,Txg5; 36.Dh4,Df6; 37.Df2 e as Negras não teriam como resistir ao forte ataque das Brancas praticamente com uma peça a mais, já* que seu Bispo está inoperante *obrigado a defender o Peão de c6* 34.g6,De7; 35.Bg5,Bxf5; 36.Bxf5, Abd.

- **Partida nº 49**

OLIMPIO HARTZ 0X1 MÁRCIO ELISIO DE FREITAS

Campeonato Brasileiro, 1947

Abertura Bird

1.f4,d5; 2.Cf3,g6; 3.e3,Bg7; 4.Be2,Cf6; 5.0-0,0-0; 6.Cc3,c5; 7.d4,b6; 8.Ce5,Bb7; 9.De1,Cc6; 10.Cxc6,Bxc6; 11.Bd2,Dd7; 12.Td1,Tfd8; 13.Bc1,Db7; 14.Bf3,Ce4; 15.Ce2,Bb5; 16.b3,Ba6; 17.Bb2,Tac8; 18.Bxe4,dxe4; 19.c4,b5; 20.cxb5,Dxb5; 21.Tf2,Db8; 22.Cg3,Bd3; 23.dxc5,Txc5; 24.Bxg7,Rxg7; 25.Tfd2,Tdc8; 26.Ce2,Db6; 27.Rf2,g5; 28.g3,Dh6; 29.Dg1,Dh5; 30,Tc1,Txc1; 31.Cxc1,Txc1; Br. Abd.

3.10. SOLUÇÕES DO CAPÍTULO III

CORZO 0X1 CAPABLANCA p. 27
Posição: b5t1-p6r-1p2pb2-2B5-2P2P2-1P3C2-P5tP-4TT1R
Se 28.Ba3 ou g1, Ngrs dão ++/5;

a) Se 28.Ba3,Tg1+; 29.Txg1,Bxf3+; 30.Tg2,Txg2; 31.Tg1,Td2+, 32.Tg2,Td1++
b) Se Se 28.Ba3,Tg1+ 29.Txg1,Bxf3+ 30.Tf2,Txf2; 31.Te3,Bd4; 32.Txf3,Tg1++
c) Se 28.Bg1,Txg1+ 29.Txg1,Bxf3+ 30.Tg2,Txg2; 31.h4,Bd4; 32.Td1,Td2++;

PAULSEN 0X1 MORPHY p.25
Se Bxe3,Thxh2+; 30.Rg1,Teg2++

JANOWSKI 0X1 LASKER p. 26
Por que abd?

a) Br estão perdendo uma peça (C);
b) Após 33.Dxe2, As Ngrs têm: Txe4 ou Cxe4 ou f4, etc. Com forte ataque sobre o Rei e ameaça de Mate.

J. MIESES 0X1 R. SPIELMANN p. 34

Após 33. ...,Txe1; 34.Dxe1,Txf3+; 35.Tf2,Txf2+; 36.Dxf2,Dxf2+; 37.Rxf2,Rf8 e as Negras vencem com facilidade com seus Peões a mais.

SPASSKY 1X0 BANKS p.34
Se 37.Dd5+,Rf5; 38.Tf1+,Rg5; 39.Dxg8+,Cg6; 40.Be3+,Bf4; 41.Bxf4+
a) Se 41...,Rh5; 42.Dh7++
b) Se 41...,Rf5; 42.Dc8+ ganhando a Dama em g4.

FRANCISCO TERZIAN 0X1 GERD FONROBERT p. 30
Posição: 4t2r-ppp3pp-8-5P1b-3b1P1d-3D3P-PP6-1TB2TR
Se 25.Dxd4 #5: 25.Dxd4,Dg3+; 26.Rh1,Bf3+; 27.Txf3,Te1+; 28.Tf1,Dxh3+; 29.Rg1,Txf1++

R. SPIELMANN 1X0 S. LANDAU p.31
26...,Tc8; 27.De6,Tg6 (ou f8); 28.c7+,Txc7; 29.Bxc7++
KERES 1X0 ELISKASES p.39
Se 9....,bxc3 ep; 10.Db3,e6; 11.Cxf7!,Rxf7; 12.Cg5+,Re8; 13.Dxe6+,Be7; 14.Df7+,Rd8; 15.Ce6++

LUIZ TAVARES 1X0 OLÍCIO GADIA p. 40
As Brs ameaçam g4++:
a) Se 29...,Bxf3; 30.Dxf3++;
b) Se 29...,Dxg3; 30.Dxd5+ e a seguir, mate em dois. As Ngrs são forçadas a cobrir com a Dama. Perdem a Dama e Mate, a seguir.

CAPÍTULO 4 – ABERTURAS DO PEÃO DA DAMA

- **Partida nº 50**

LASKER 1x0 BLACKBURNE

Londres, 1892

1.d4,d5; 2.Cf3,Cf6; 3.e3,Bg4; 4.c4,Bxf3?!. *As Ngrs apressam-se para trocar seu Bispo já desenvolvido, sem necessidade; permitindo que as Brancas fiquem com seu par de Bispos contra Cavalo e Bispo logo nos lances iniciais. De certa forma, contrariaram a recomendação de evitar mover duas vezes com a mesma peça na fase de Abertura.*

5.gxf3, *a melhor decisão: capturar com a Dama, por um lado, iria afastar a Dama da Ala da Dama das Negras que ficou um tanto enfraquecida pela ação do Bispo. Por outro lado, capturando com o Peão, as Brancas fortalecem sua posição no Centro.*

5...,c6; 6.Cc3,e6; 7.Db3,Dc7; 8.Bd2,Cbd7; 9.f4, *fechando caminhos do adversário - a Diagonal h2-b8 da Dama preta - fortalecendo ainda, a ação dos Peões sobre a casa e5 contra qualquer avanço do Peão de e7.*

9...,dxc4?! *Novo lance questionável de Blackburne, pois favorece o domínio do centro pelas Brancas, além do desenvolvimento do Bispo branco em ação conjunta com sua Dama sobre a Diagonal de f7.*

10.Bxc4,Cb6; 11.Bd3,Cbd5; 12.a3,Be7; 13.Ce2,Db6; *a troca das Damas não interessa para as Brancas. A Dama preta está isolada enquanto a Dama branca está ativa em coordenação com suas peças e domínio do Centro. As Negras fariam melhor com 0-0.*

14.Dc2,Dd8; *Com o domínio do Centro e as Negras inertes em sua defesa, Lasker parte para o ataque valorizando a força de seu par de Bispos.*

15.f5,exf5; 16.Bxf5,g6; 17.Bh3,0-0; 18.0-0,Ch5; 19.e4,Cc7; 20.f4, Bf6?; 21.e5,Te8; 22.Bg4,Bg7; 23.Tf2! *O Cavalo não tem para onde ir, pode ser capturado a qualquer momento; então Lasker aproveita para colocar suas Torres em jogo, fortalecendo a pressão na Ala do Rei.*

23...,Dh4; 24.Tg2,Cd5; 25.Tf1! *agora as duas Torres brancas estão tomando parte na press*ão sobre as Negras;

25...,f5; 26.Be1,De7; 27.Bxh5,gxh5; 28.Cg3, aqui o principiante pensa: 28...,Ce3 e triplo ataque sobre a Dama e as duas Torres brancas! Lasker permitiria isso?

Vejamos: a) para 28...,Ce3, 29.Cxf5!,Dd7; 30.Cxe3 ganhando uma peça!

Ou b) 28....,Ce3; 29.Cxf5,Cxc2; 30.Cxe7+,Txe7; 31.Txc2 e as Brancas com praticamente "um Bispo a mais" e jogo francamente superior não terão dificuldade em vencer a partida.

Fazendo um balanço da posição:

a) As Br têm um Peão a mais *e o Peão isolado em h2 garante o bloqueio dos Peões adversários na mesma coluna.*

b) 3 Peões centrais bloqueando o caminho do Bispo contra nenhum peão das Negras.

c) Os três Peões pretos da Ala da Dama são controlados perfeitamente pelos dois Peões brancos de a3 e b2, mais o Peão central de d4. Acresce ainda, o fato da Coluna c aberta para a Torre branca e maior mobilidade do Bispo branco sobre o Bispo preto. Brancas francamente superiores.

A partida prosseguiu: 28...,Tf8; 29.Cxf5,Txf5; 30.Dxf5,Ce3; 31.Dg5,Dxg5; 32.Txg5,Cxf1; 33.Rxf1,Tf8; 34.Bd2,h6; 35.Txh5,Rh7; 36.Re2,Rg6; 37.Th3,Rf5; 38.Rf3,Td8; 39.Be3,c5; 40.dxc5,Td3; 41.Tg3,Bf8; 42.b4;Txa3; 43.Tg8,Be7; 44.Tg7,Bh4; 45.Tf7+,Rg6; 46.Txb7,Be1; 47.Re4,Ta4; 48.f5+,Rh5; 49.f6, Abd

- **Partida nº 51**

KASPAROV 1x0 ANDERSSON U.
Belfort (França), 1988
Gambito da Dama – Var. das Trocas

1.d4,Cf6;2.c4,e6; 3.Cc3,d5; 4.cxd5,exd5; 5.Bg5,c6; 6.Dc2,Be7; 7.e3,Cbd7; 8.Bd3,0-0; 9.Cge2,Te8; 10.0-0,Cf8; 11.f3,Be6; 12.Tae1,Tc8; 13.Rh1,C6d7; 14.Bxe7,Txe7; 15.Cf4,Tc7; 16.Df2,Cf6; 17.e4,dxe4; 18.fxe4,Tcd7; 19.d5,cxd5; 20.Bb5,Tc7; 21.exd5,Bd7; 22.Be2,Tc8; 23.Dxa7,b6; 24.Da6,Ce4; 25.d6,Cxd6; 26.Cfd5,Te5; 27.Dxb6,Cf5; 28.Dxd8,Txd8; 29.Bd3,Txe1; 30.Txe1,Cg6; 31.a4,Cd4; 32.a5,Rf8; 33.Bxg6.hxg6; 34.Td1,Ce6; 35.Cb6,Bc6; 36.Txd8+,Cxd8; 37.b4,Ce6; 38.b5, Abd

- **Partida nº 52**

KASPAROV 1x0 SPEELMAN J.
Moscou,1995
Defesa Ortodoxa

1.Cf3,e6; 2.d4,Cf6; 3.c4,d5; 4.Cc3,Be7; 5.Bf4,0-0; 6.e3,a6; 7.c5,*(Obstruir linhas do adversário) 7...,* Ch5; 8.Bd3,Cxf4; 9.exf4,Cc6; 10.a3,f5; 11.h4,Bf6; 12.Ce2,Bd7; 13.Tc1,De7; 14.h5,Cd8; 15.Ce5,Bb5; 16.Db3,Bxe5; 17.fxe5,Dg5; 18.g3,Cc6; 19.f4,Cxd4; 20.Db4,Cxe2; 21.fxg5,Bxd3; 22.Td1,Bb5; 23.a4,Cxg3; 24.Th3,Ce4; 25.axb5,f4; 26.bxa6,bxa6; 27.Db7,Tab8; 28.Dc6,Cxg5; 29.h6,Txb2; 30.Th5,gxh6; 31.Txg5+,hxg5; 32.Dxe6+,Rg7; 33.De7+,Rg8; 34.Dxg5+,Rh8; 35.e6,Abd

- **Partida nº 53**

ADAMS M. 0x1 KASPAROV
Dortmund (Alemanha), 1992
Gambito da Dama – Defesa Semi-Eslava

1.d4,d5; 2.c4,e6; 3.Cc3,c6; 4.e3,Cf6; 5.Cf3,Cbd7; 6.Dc2,Bd6; 7.g4,dxc4; 8.e4,e5; 9.g5,exd4; 10.Cxd4,Cg4; 11.h3,Cge5; 12.Be3,Cc5;13.0-0-0,Ced3+; 14.Rb1,De7; 15.Tg1,g6; 16.Bg2,0-0; 17.Ra1,Bf4; 18.Bxf4,Cxf4; 19.h4,Td8; 20.Dd2,Ccd3; 21.De3,Bg4; 22.Td2,De5; 23.Abd.

4.1. DEFESA ESLAVA

- **Partida nº 54**

R.SPIELMANN 1 x 0 V. PIRC
Match, 1931
Defesa Eslava

1.d4,d5; 2.c4,c6; 3.Cf3,Cf6; 4.Cc3,dxc4; 5.a4,Bf5; 6.e3,Ca6; 7.Bxc4,Cb4; 8.0-0,e6; 9.De2,Ce4?; 10.Ce5,Bd6; 11.Cxf7!,Rxf7; 12.Df3,g6; 13.Cxe4,Bxh2+; 14.Rxh2,Dh4+; 15.Rg1,Dxe4; 16.Dg3,The8; 17.Bd2,Dc2; 18.Bc3,Cd5; 19.Tfc1,De4; 20.Bd2,g5; 21.f3,Dh4; 22.Dxh4,gxh4; 23.e4,Bg6; 24.exd5,exd5; 25.Bf1, Abd

- **Partida nº 55**

ALEKHINE 0 x 1 BOGOLJUBOV
Campeonato Mundial – Alemanha: Abril-Junho, 1934
24ª Partida – Defesa Eslava

1.d4,d5; 2.c4,c6; 3.Cf3,Cf6; 4.e3,e6; 5.Bd3,Cbd7; 6.Cbd2,Be7; 7.0-0,0-0; 8.b3,a5; 9.a3,c5; 10.cxd5,exd5; 11.Bb2,a4; 12.bxa4,c4; 13.Bc2,Da5; 14.Cb1,Ce4; 15.Bxe4,dxe4; 16.Cfd2,Cb6; 17.Cc3,f5; 18.f3,exf3; 19.Dxf3,Bd7; 20.De2,Tac8; 21.Tac1,Bf6; 22.d5,Tfe8; 23.Rh1,Dc5; 24.e4,Cxd5; 25.Tfe1,Cf4; 26.De3,Cd3; 27.Dxc5,Txc5; 28.Ba1,Bg5; 29.C3b1,fxe4; 30.Bc3,Cxc1; 31.Txc1,Bxa4; 32.Rg1,Bc6; 33.Te1,b5; 34.Cf1,Td5; 35.Cg3,Td3; 36.Ce2,Be3+; 37.Rh1,Ted8; 38.Cg1,Bf2; 39.Tf1,e3; 40.Abd

4.2. DEFESA CAMBRIDGE SPRINGS

- **Partida nº 56**

CAPABLANCA 1X0 ALEKHINE
Campeonato Mundial – Buenos Aires, 1927
7ª Partida – Defesa Cambridge Springs

1.d4,d5; 2.c4,e6; 3.Cc3,Cf6; 4.Cf3,Cbd7; 5.Bg5,c6; 6.e3,Da5; 7.Cd2,Bb4; 8.Dc2,0-0; 9.Bh4,c5; 10.Cb3,Da4; 11.Bxf6,Cxf6; 12.dxc5,Ce4; 13.cxd5,Bxc3+; 14.bxc3,Cxc5; 15.Td1!,exd5; 16.Txd5,Cxb3; 17.axb3,Dc6; 18.Td4,Te8; 19.Bd3!,Dxg2; 20.Bxh7+,Rf8; 21.Be4,Dh3; 22.Dd2,Be6; 23.c4,a5; 24.Tg1,Dxh2; 25.Th1,Dc7; 26.Db2!,Dc5; 27.Bd5,Ta6; 28.Te4, *aparentemente aumen-*

ta a pressão sobre o Bispo de e6, mas o objetivo principal é liberar a diagonal para a Dama.

28...,Td6; 29.Th7,Re7; 30.Dxg7,Rd8; 31.Bxe6,fxe6; 32.Dxb7,Db4+; 33.Dxb4,axb4; 34.c5!,Tc6; 35.Txb4,Txc5; 36.Ta7, Abd

- **Partida nº 57**

KARPOV 0 x 1 KASPAROV

Campeonato Mundial – Moscou, 1984/85

47ª Partida – Defesa Cambridge Springs

1.Cf3,Cf6; 2.c4.e6; 3.d4,d5; 4.Cc3,c6; 5.Bg5,Cbd7; 6.e3,Da5; 7.cxd5,Cxd5; 8.Dd2,C7b6; 9.Cxd5,Dxd2+; 10.Cxd2,exd5; a*qui, Kasparov estabeleceu maioria de Peões na Ala da Dama; retornando a Capablanca: "se trocar as peças iguais, ganhará o Final de Peões".*

11.Bd3,a5; 12.a4?!,Bb4; 13.Re2,Bg4+; 14.f3,Bh5; 15.h4,0-0; 16.g4, Bg6; 17.b3,Bxd3+; 18.Rxd3,Tfe8; 19.Tac1,c5!; 20.Bf4,Tac8; 21.dxc5,Cd7; 22.c6,bxc6; 23.Thd1,Cc5+; 24.Rc2,f6; 25.Cf1,Ce6; 26.Bg3,Ted8; 27.Bf2,c5; 28.Cd2,c4; 29.bxc4,Cc5; 30.e4?,d4; 31.Cb1,d3+; 32.Rb2,d2; 33.Abd.

4.3. DEFESA GRUNFELD

- **Partida nº 58**

E. GEREBEN 0 x 1 R.SPIELMANN

Sopron, 1934

Defesa Grunfeld

1.d4,Cf6; 2.c4,g6; 3.Cc3,d5; 4.e3,Bg7; 5.Cf3,0-0; 6.Bd2,c6; 7.Db3,b6; 8.cxd5,cxd5; 9.Tc1,Bb7; 10.Ce5!,Cfd7; 11.Cxd7?,Cxd7*; o Cavalo bem posicionado no Centro foi trocado por um Cavalo com poucas opções de manobra; permitindo o desenvolvimento do Cavalo de b8 e liberando ,a Torre de a8. A troca foi boa para as Negras;*

12.f4,e5!; 13.fxe5,Cxe5; 14.dxe5,d4!; 15.Cd1,Bxe5; 16.e4,Bxe4; *as Ngrs sacrificaram o Cavalo por dois Peões para assegurar o controle do Centro e melhor desenvolvimento de suas peças.*

17.Cf2,Bd5; 18.Dh3, De7; 19.Be2?,d3; 20.Cxd3,Tfe8; 21.Rf1,Bxb2; 22.Te1,Df6+ 23.Cf2,Bd4; 24.Dg3,Te4!, 25.h4,Tae8; 26.Bb5,Txe1+ 27.Bxe1,Te3!; 28.Dg5,Txe1+; 29.Rxe1,Dxf2+; 30.Rd1, Bxg2; 31.Te1,Bf3+; 32.Be2,Bc3! 33.Bxf3,Dxf3+; 34.Rc2,Bxe1; 35.Abd

- **Partida nº 59**

SMYSLOV 1X0 BOTVINNIK

Campeonato Mundial – Moscou, 1958

11ª partida – Defesa Grunfeld

1.d4,Cf6; 2.c4,g6; 3.Cc3,d5; 4.Cf3,Bg7; 5.Db3,dxc4; 6.Dxc4,0-0; 7.e4,Bg4; 8.Be3,Cfd7; 9.Td1,Cb6; 10.Db3,Cc6; 11.d5,Ce5; 12.Be2,Cxf3+; 13.gxf3,Bh5; 14.h4,Dd7; 15.a4,a5; 16.Cb5,Cc8; 17.Bd4,Cd6; 18.Bxg7,Rxg7; 19.Cd4!,Rg8; 20.Tg1,Dh3; 21.De3,c5?; 22.dxc6 ep,bxc6; 23.Dg5!,c5; 24.Cc6, Abd

4.4. DEFESA ÍNDIA DA DAMA

- **Partida nº 60**

M. EUWE 0 x 1 P. KERES

9ª partida do Match – 1940

Defesa India da Dama

1.d4,Cf6; 2.c4,e6; 3.Cf3,b6; 4.g3,Bb7; 5.Bg2,Be7; 6.0-0,0-0; 7.Cc3,Ce4; *8.Dc2,Cxc3; 9.Dxc3,d6; 10.Dc2,f5; 11.Ce1,Dc8; 12.e4,Cd7; 13.d5,fxe4;* 14.Dxe4,Cc5; 15.De2,Bf6; 16.Bh3,Te8; 17.Be3,Dd8; 18.Bxc5,exd5; 19.Be6+Rh8; 20.Td1,dxc5; 21.Cg2,d4 (*Criar um Peão passado e apoiado é mais importante que uma simples troca de Peões*;

22.f4,d3!; 23.Txd3,Dxd3!; 24.Dxd3,Bd4+(Quem vale mais, uma Dama ou uma Torre?); 25.Tf2,Txe6; *Keres trocou sua Dama por duas peças e desenvolvimento superior.*

26.Rf1,Tae8; 27.f5,Te5; 28.f6,gxf6; 29.Td2,Bc8; 30.Cf4,Te3!; 31.Db1,Tf3+; 32.Rg2,Txf4!!; 33.gxf4,Tg8+ 34.Rf3,Bg4+ 35.Abd.

Se 35.Rg2 ou Rg3,Bf5+ desc ganhando a Dama; se 35.Re4,Te8+ e a seguir, Mate em um para 36.Rd3 ou ++ em 2 para 36.Rd5.

- **Partida nº 61**

JAIME SUNYE 1X0 RUBENS FILGUTH

Campeonato Brasileiro-Fortaleza, 1979

Defesa Índia da Dama

1.c4,Cf6; 2.d4,e6; 3.Cf3,b6; 4.Bf4,Bb4+; 5.Cbd2,Bb7; 6.e3,Ce4; 7.a3,Be7; 8.Cxe4,Bxe4; 9.Bd3,Bxd3; 10.Dxd3,0-0; 11.0-0,d6; 12.e4,c5; 13.Tfd1,Ca6; 14.e5,cxd4; 15.exd6,Bf6; 16.Cxd4,e5;

17.Cc6,De8;18.Cxe5,Bxe5;19.d7,De7;20.Bxe5,Dxe5;21.d8D,Taxd8; 22.Dxd8,Dxb2; 23.De7,Cc5; 24.Tab1,Dc2; 25.Tbc1,Db2; 26.De3,g6; 27.Dc3,De2; 28.Te1,Dg4; 29.Te7,Ce4; 30.De3,Cg5; 31.h3,Df5; 32.Te5,Cf3+; 33.gxf3, Abd.

4.5. DEFESA ÍNDIA DO REI

- **Partida nº 62**

BOTVINNIK 0 x 1 SMYSLOV

Campeonato Mundial – Moscou, 1954

14ª partida – Defesa Índia do Rei

1.d4,Cf6; 2.c4,g6; 3.g3,Bg7; 4.Bg2,0-0; 5.Cc3,d6; 6.Cf3,Cbd7; 7.0-0,e5; 8.e4,c6; 9.Be3? (*Melhor seria h3*),Cg4; 10.Bg5,Db6! *O lance falho Be3 resultou em mover duas vezes a mesma peça na Abertura, proporcionando às Negras novo ataque levando as Brancas a passar para a defensiva*;

11.h3,exd4! 12.Ca4,Da6; 13.hxg4,b5; *sacrifício do Cavalo pelo domínio do Centro*; 14.Cxd4,bxa4; *devolvendo o Cavalo para reduzir a pressão no Centro*;

15.Cxc6,Dxc6; 16.e5,Dxc4; 17.Bxa8,Cxe5; 18.Tc1,Db4!; 19.a3,Dxb2; 20.Dxa4,Bb7!; 21.Tb1?,Cf3+; 22.Rh1,Bxa8; 23.Txb2,Cxg5+desc; 24.Rh2,Cf3+ 25.Rh3,Bxb2; 26.Dxa7,Be5!; 27.a4,Rg7; 28.Td1,Be4; 29.De7,Tc8! 30.a5,Tc2; 31.Rg2,Cd4+desc; 32.Rf1,Bf3; 33.Tb1,Cc6; 34. Abd.

- **Partida nº 63**

WALTER CRUZ 1X0 OCTÁVIO TROMPOWSKY

Campeonato Brasileiro-Rio de Janeiro, 1940

3ª partida– Defesa Índia do Rei

1.d4,Cf6; 2.c4,g6; 3.Cc3, Bg7; 4.e4,d6; 5.Cf3,0-0; 6.Be2,Cbd7; 7.0-0,e5; 8.d5,a5; 9.Dc2,Cc5; 10.Cd2,Cg4; 11.Cb3,Cxb3; 12.axb3,Bd7; 13.Bd2,h5; 14.Dc1,Rh7; 15.f3,Ch6; 16.f4,exf4; 17.Bxf4,Cg4; 18.Bxg4,Bxg4; 19.Dd2,De7; 20.Tae1,b6; 21.Cb5,Tfc8; 22.Cd4,h4; 23.Cc6,Df8; 24.e5,dxe5; 25.Bxe5,Bh6; 26.Bf4,Te8; 27.Txe8,Txe8; 28.Bxh6,Dc5+; 29.Rh1,Te2; 30.Txf7+, Abd.

CAPÍTULO 5 – PARTIDAS.SR

Reservei este capítulo para algumas de minhas partidas que considerei adequadas para o desenvolvimento técnico pedagógico dos participantes

ATAQUE FEGATELLO
1.e4,e5; 2.Cf3,Cc6; 3.Bc4,Cf6; 4.Cg5

O ATAQUE FEGATELLO pode ser aplicado na DEFESA DOS DOIS CAVALOS, também chamada de PARTIDA PRUSSIANA, e usada contra a Abertura Italiana. A utilização do Ataque Fegatello é controversa por muitos jogadores considerarem inferior para as Brancas, porém, na realidade vai depender mais de quem estudou mais que o adversário, como qualquer outra linha de jogo. Seja Abertura, Defesa, Ataque ou Contra Ataque.

Continuo afirmando: Em Xadrez, a única verdade absoluta ainda está no **movimento das peças**, que há mais de 400 anos permanece imutável.

Tudo o mais tem variado de acordo com as regras da FIDE.

Como ilustração, apresento algumas partidas jogadas por mim, com intenção clara de defender a validade da manobra. A seguir, alguns exemplos coletados em alguns trabalhos de diversos autores.

De qualquer modo, por ser manobra eminentemente tática, logo na fase de Abertura, defendo o seu estudo para embasar melhor o trabalho de desenvolvimento de qualquer enxadrista.

Poderão dizer: se é bom, por que os Grandes Mestres não jogam?

Respondo: Quantos mestres de Xadrez utilizam a Abertura Italiana nos dias de hoje? E quantos jogam a Defesa dos Dois Cavalos que permite o Ataque Fegatello?

Este trabalho é voltado para o período de aprendizagem e treinamento de principiantes, portanto, essencial para o correto desenvolvimento técnico-pedagógico do aprendiz.

Jamais podemos deixar de ensinar algum exemplo ou minimizar a sua importância, pelo pressuposto que ninguém mais usa. E se alguém usar? Como enfrentar se não foi estudado?

Fischer provou isso quando "ressuscitou" as Aberturas com e4. Condenado pela grande maioria da época como inferior. Quando perguntaram a ele por que jogava e4, ele respondeu: "Jogo porque é melhor e vou ser Campeão Mundial jogando e4".

Considero esta a maior contribuição de Fischer ao Xadrez.

Kasparov, posteriormente, fez o mesmo com o Gambito Evans alijado há cerca de cem anos porque Lasker teria demonstrado suas falhas. Kasparov estudou o Gambito, encontrou novas soluções e derrotou nada mais nada menos que Piquet e Anand em provas oficiais.

Outro argumento que uso é o mesmo com que defendo o estudo do Mate Pastor, do Louco e de Lègal execrados por muitos "instrutores" como sendo desnecessários, pois, somente serão aplicados em quem não sabe jogar Xadrez. No entanto, uma partida de Xadrez tem tantas nuances que é muito comum no meio da partida ou mesmo na fase da Abertura surgir uma posição que permite aplicar um desses Mates.

Argumento Final: certo, os Grandes Mestres não jogam, mas o principiante, ou mesmo um jogador experiente, NÃO É UM GRANDE MESTRE e portanto está sujeito aos mesmos erros causados pelo estudo inadequado. Venho comprovando isto ao longo de minha larga experiência não só como Professor e Técnico de Xadrez, mas também como Enxadrista.

Vejamos:

- **Partida nº 64**

SYLVIO REZENDE 1 X 0 EDSON TACIANO
VI TORNEIO INTERNO DO CLUB MUNICIPAL – 2005

5ª Rodada – 10/10/2005

Abertura Italiana/Defesa dos Dois Cavalos/Ataque Fegatello

1.e4,e5; 2.Cf3,Cc6; 3.Bc4,Cf6; 4.Cg5,d5; 5.exd5,Ca5 *ainda prefiro Cxd5. Ex.:Cxd5; 6.Cxf7,Rxf7; 7.Df3+,Re6; 8.Cc3,Cb4; 9.De4,c6; 10.d4,Bd3; 11.a3,Cxc2+ devolvendo o Cavalo; 12.Dxc2,exd4,etc. – é evidente que poderão haver outras variantes com a devolução do Cavalo em c2.*

A principal justificativa para Cxd5 é que recupera o Peão e, com uma defesa correta, as Negras poderão superar os transtornos do Rei centralizado, com a devolução do Cavalo. Esta afirmação é coerente com a ideia geral dos gambitos – aceitar o oferecimento e depois devolver no momento oportuno. O sacrifício do Cavalo em f7, na realidade, é um gambito e deve ser tratado como tal.

- **GAMBITO – é o sacrifício na abertura, geralmente de Peão ou peça menor (Cavalo ou Bispo) em troca de melhor desenvolvimento.**

6.Bb5+,Bd7; 7.Bxd7+,Dxd7; 8.0-0,Bd6 *aqui, prefiro a captura imediata do Peão com Cxd5 ou mesmo Dxd5, equilibrando o material – PRINCÍPIO DO EQUILIBRIO.*

9.Cc3,0-0; 10.a3,c6 *este lance favorece as brancas em eliminar o Peão que já deveria ser capturado, mantendo um Peão de vantagem na Abertura – fator importante para o FINAL.* Seguindo as palavras de Capablanca:

As Brancas conseguiram a maioria de Peões na ALA da DAMA. Tire-se as Peças iguais do Tabuleiro e a posição resultante será visivelmente ganhadora para as Brancas.

Primeiro, vamos melhorar o desenvolvimento fustigando o Cavalo de volta para sua **Zona de Defesa.**

11.b4,Cc4; 12.d3,Cb6; 13.dxc6,Dxc6 e as Brancas estão melhores.

14.Cge4,Cxe4; 15.Cxe4, *o plano das Brancas agora é trocar as peças iguais*, 15...,Be7; 16.Bb2,Cd7; 17.c4 (*seria melhor, f4*),f5; 18.Cc3,Tad8; 19.Cd5,Bg5; 20.Db3, Rh8 (*a partir do vigésimo lance, relaxei um pouco perdendo a concentração e cometi vários erros que por um triz não me levaram à derrota*).

Citando Karpov: "é mais fácil perder uma partida ganha do que vencer uma perdida!"

21.f4,exf4; 22.Cxf4,Bxf4; *novamente, as Negras favorecem o Final para as Brancas com as Trocas de Peças*;

23.Txf4,Tde8; 24.d4 (*Taf1 seria melhor*),Te2; 25.d5,Dg6 *com o festival de erros seguintes, "joguei minha vitória no lixo"*;

26.g3 ?! (*seria melhor jogar logo Tf2*),Dh6! (*só então me dei conta! Estava perdido*!);

27.Tf2 (*agora, era melhor botar um remendo com h4*),Txf2; 28.Rxf2,Dxh2+; 29.Rf3,f4?!;

Nesta posição, as Negras tinham lance melhor que praticamente liquidava a partida. Procure descobrir

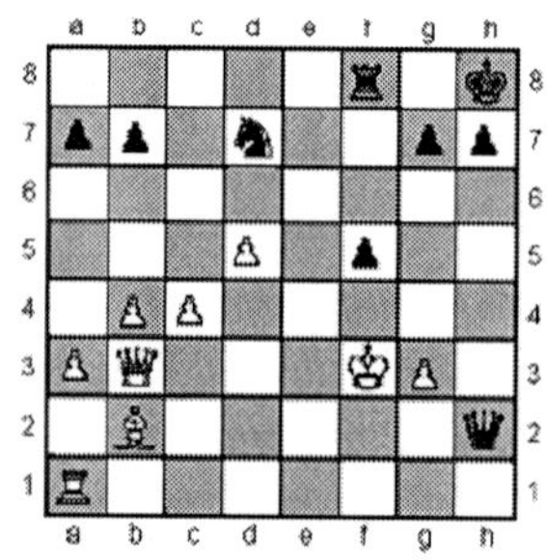

Posição após 29.Rf3,

30.Dc3 estava perdido mesmo, então só me restava criar tensão com uma ameaça de mate – às vezes funciona – o adversário se assusta com a ameaça e para em seu plano vitorioso preocupado com a "cortina de fumaça" lançada pelo adversário. 30...,Dxg3+? Funcionou! Preocupado com a ameaça iminente de Mate com Dxg7, tratou de colocar a Dama na Coluna **g** para defender o Mate. Tinha duas boas continuações melhores com mate inevitável;

31.Re4,Te8+; 32.Rf5,Te5+?! Era tudo que eu queria; ganhar tempo, evitar o Mate e conseguir contra-jogo. Continuava "perdido", mas agora tinha adiado a derrota: Torre, Bispo e Peões contra Dama. Meu adversário teria que jogar com maior precisão.

33.Dxe5,Cxe5; 34.Bxe5,Dh3+; 35.Rxf4,h5?; 36.Re4,Rh7? Meu adversário, aturdido com a complicação criada errou seguidamente.

37.d6,Dh4+; 38.Rd5,Dd8; 39.Tg1,Dg8+; 40.Rd4,g5; 41.c5,Rg6?; 42.Bf4, g4; 43.Te1,Rf5; 44.Bg3,h4 agora eu já estava no controle da situação.

45.Te5+,Rg6; 46.Bxh4,Dh8; 47.Bg3,b6; 48.c6,Df6; 49.d7,Df1; 50.Rd5,Df3+; 51.Rd6,Dxg3? (último erro);

52.d8D (*anotação de promoção de acordo com a FIDE*), Dd3+; 53.Rc7,Abd.

(Ufa! Escapei por pouco!)

- **Partida nº 65**

SYLVIO REZENDE 1X0 YVAN ALMEIDA COSTA

I TORNEIO INTERNO DO CLUB MUNICIPAL – 2006

6ª Rodada: 20/2/2006

Abertura Italiana/Ataque Fegatello

1.e4,e5; 2.Cf3,Cc6; 3.Bc4,Cf6; 4.Cg5,d5; 5.exd5,Cxd5; 6.Cxf7,Rxf7; 7.Df3+,Re6; 8.Cc3,Ce7; *nesta linha do Ataque Fegatello, recomenda-se 8....,Cb4, atacando c2 com ameaça de duplo no Rei e Torre. Yvan preferiu a linha mais defensiva*;

9.d4,exd4; (aqui em vez de d4, poderia fazer o Roque com a seguinte sequencia: 9.0-0,c6; 10.Te1,Cg6; 11.d4,Be7,etc. Preferi seguir a linha teórica. A meu ver, mais agressiva;

10.De4+,Rd7; 11.Cxd5,Cxd5; 12.Dxd5+,Bd6; 13.0-0,Df6 outra opção, seria: *13.De6+,Rc6; 14.Bd5+, Rb6; 15.De4,Bc4; 16.b4,c6; etc. O Rei Negro ficaria numa posição ruim, mas as Negras teriam contra jogo e com o Rei Branco centralizado, também é ruim!*

14.Te1,c6; 15.De6+,Dxe6; 16.Bxe6+,Rc7; 17.Bg5,Bxe6; 18.Txe6,Tae8; 19.Tae1,Txe6; 20.Txe6,Rd7; 21.Te4,h6; 22.Bd2,c5 *com as trocas, as Brancas ficaram com maioria de Peões na Ala do Rei, contra minoria na Ala da Dama, mas a Torre Branca está melhor desenvolvida. Apesar da igualdade de material, as Brancas têm ligeira vantagem posicional*;

23.g3?,Te8 *era necessário abrir passagem para o Rei, incomodamente no "corredor"; g3, além de evitar qualquer surpresa, fecha a linha do Bispo Negro, mas Rf1 também sai do "corredor" e centraliza o Rei para o Final. Por sua vez, Yvan tenta trocar as Torres que poderá garantir um empate*;

24.Tg4?!,g5; a*qui, em vez de g5, as Negras poderiam jogar Te2 com forte contra-jogo; perderiam os Peões da Ala do Rei, mas conquistariam a Ala da Dama ficando com Peões melhor colocados para o Final. Poderiam até ganhar a partida.*

25.Rf1,b5; *rapidamente tratei de corrigir o erro. O avanço dos Peões Negros facilita o ataque na Ala do Rei. Agora, vai prevalecer o melhor conhecimento de Finais e o melhor desenvolvimento das Brancas*;

26.h4,gxh4; 27.Txh4,Bf8; 28.Bxh6,Bxh6; 29.Txh6,a5 *Resultado: As Negras perderam os dois Peões que tentaram defender e mesmo se não trocassem os Bispos, estariam com inferioridade decisiva. Seus 4 peões na Ala da Dama terão dificuldade para ultrapassar os 3 Peões Brancos; e quem vai segurar os dois peões na Ala do Rei?*

30.Tb6,b4; 31.Tb5,Rc6 *poderia ter jogado 31.b3! Se o Rei atacasse a Torre, a manobra da Torre seria a mesma, porém, sem a casa c4 para as Negras. Caso as Negras jogassem Te8 para defender o Peão para uma possível ruptura na Fila* **a**, *liberariam o Rei Branco para apoiar a defesa da Ala da Dama, enquanto o Rei Negro ficaria preso nas Filas 7 e 8 pela Torre com a investida dos Peões Brancos na ala oposta*;

32.Txa5,Rb6; 33.Ta4,Rb5; 34.Ta7,Rc4 *agora 34.b3 não é indicado, pois permitiria contra-jogo para as Negras: 34.b3,c4; 35.Ta7,d3 com forte contra-jogo*;

35.Td7,Ta8; *a Torre branca tem que colocar-se atrás do Peão de d4, por ser o que oferece mais perigo sobre a casa d3, igualmente atacada pelo Rei que também fica impedido de entrar na Coluna d para impedir o avanço dos Peões Brancos. Não adianta o que a Torre Negra faça; os Peões livres da Ala do Rei, serão decisivos*).

36.g4!,Txa2; 37.g5,Ta6 (*Txb2, perde igualmente: 38.g6,Txc2; 39.g7,b3; 40.g8D+ ganhando*);

38.Tc7,Tg6. *Agora que a Torre Negra abandonou a Fila 2, a Torre deve atacar o Peão Base das Negras. Os Peões da Ala da Dama se defendem sozinhos tendo o Rei e a Torre vigilantes para qualquer emergência*);

39.f4,Rd5; 40.Rf2,Rd6? *Perde tempo! Não adianta, com o Rei, atacar uma peça que tem espaço para escapar sem perder o ataque sobre o mesmo ponto – c5 – este ataque, além de ser pura perda de tempo, melhora a posição da Torre, que passa a proteger a casa de promoção de seus Peões. Teria sido melhor, jogar c4*;

41.Tc8,Rd5; 42.b3!!,Re4; 43.Rg3,Rd5; *b3 foi decisivo, o Rei fica preso ao Peão débil de c5 e não pode ajudar a Torre contra os Peões Brancos avançando perigosamente, já agora, escoltados pelo seu Rei*;

44.Rg4,Te6; *não adianta tentar impedir o avanço dos Peões pela frente, tem que tentar passar para trás deles, embora já seja tarde*

45.f5,Te2; 46.g6,Txc2; 47.Rf4,Tf2+; 48.Rg5.d3; *poderia também jogar Rg4 e em caso de novo Xeque da Torre, posicionar o Rei em f3 impedindo novo ataque da Torre, mas o Rei ficaria perigosamente na Diagonal de promoção do Peão de* **d**, *além de distanciar-se de seus Peões, permitindo o ataque do Rei adversário.*

49.g7,Tg2+; 50.Rf6!,d2; 51.g8D+,Txg8; 52.Txg8,Rd4; 53.Re7,Rc3; 54.Td8,Rc2: 55.f6,d1D; 56.Txd1,Rxd1; 57.Rd6,c4; 58.bxc4,b3; 59.f7,b2; 60.f8D,b1D; 61.Df1+, Abd.

Outra linha seria: 57.f7,Rc2; 58.f8D,Rxb3; as Negras ficariam com seu Rei atrapalhando a passagem de seu Peão. 59.Df3+,Ra2; 60.Da8+,Rb2; 61.Da5 e a seguir cai o Peão! Certamente, Yvan abandonaria antes.

- **Partida nº 66**

SYLVIO REZENDE 1X0 ROGERIO FELIX CERQUEIRA

I TORNEIO INTERNO DO CLUB MUNICIPAL – 2009

4ª Rodada: 09/2/2009 – Abertura Italiana/Ataque Fegatello

1.e4,e5; 2.Cf3,Cc6; 3.Bc4,Cf6; Defesa dos Dois Cavalos.

4.Cg5. Ataque Fegatello – o Ataque Fegatello, aplica a ideia do Mate Pastor. Duas peças em ataque ao Peão de f2 ou f7; no Mate Pastor, Dama e Bispo: aqui, Cavalo e Bispo.

4...,d5; a demora em responder com o lance forçado, me fez perceber que Rogerio, pelo longo tempo afastado das competições de Xadrez, já não lembrava direito do Ataque Fegatello, o que era um bom sinal para mim.

5.exd5,Ca5; *este lance é aconselhado por muitos como a refutação do Ataque Fegatello no que faço as minhas restrições. Ainda prefiro Cxd5. (Ex.:Cxd5; 6.Cxf7,Rxf7; 7.Df3+,Re6; 8.Cc3,Cb4; 9.De4,c6; 10.d4,Bd3; 11.a3,Cxc2+ devolvendo o Cavalo; 12.Dxc2,exd4,etc.) – é claro que poderão haver outras variantes com a devolução do Cavalo em c2: a principal justificativa para Cxd5, é que recupera o Peão de imediato e com uma defesa correta, as Negras poderão superar os transtornos do Rei centralizado, com a devolução do Cavalo. Esta afirmação é coerente com a ideia geral dos gambitos.*

Aceitar o oferecimento e depois devolver no momento oportuno.

O sacrifício do Cavalo em f7 é *na realidade* um gambito e deve ser tratado como tal.

- **Repetindo: GAMBITO – É o sacrifício na abertura, geralmente de Peão ou peça menor (Cavalo ou Bispo), em troca de melhor desenvolvimento.**

6.Bb5+,Bd7; *tenho jogado diversas partidas nesta linha e na maioria das vezes meus adversários jogaram c6. O inconveniente deste lance (a meu ver) é que permite às Brancas um Peão de vantagem, além de quebrar a estrutura dos Peões da Ala da Dama das Negras, criando pontos de tensão naquela Área*;

Fiquei entre trocar o Bispo e entrar numa linha de empate, ou recuar para aguardar os acontecimentos; também analisei a4 e c4, apoiando o Bispo e mantendo a tensão, mas c4 não achei bom, porque Rogerio jogaria a6 e eu seria obrigado a trocar o Bispo. Finalmente encontrei De2, que achei melhor, pois além de apoiar o Bispo, mantinha a mesma ideia do ataque do Bb5+.

7.De2,Bd6; 8.d4,0-0; 9.0-0, (*9.dxe5, seria ruim, pela resposta 9.... Bxe5 desenvolvendo o Bispo e abrindo a Coluna para a Torre Negra com a Dama e o Rei brancos centralizados na mesma Coluna. Ex.: 9.dxe5,Bxe5; 10.0-0,Te8; 11.Dd3,c6; 12.dxc6, C(ouB)xc6 e as Negras ficariam com melhor desenvolvimento*);

9...,Cxd5?! *Este lance é questionável pelos perigos que proporciona como aconteceu na partida*;

10.Cxh7! *O Ataque Fegatello é uma espécie de Gambito do Cavalo. Ora! Pensei na mesma ideia do Fegatelo onde faço um gambito com o mesmo Cavalo, em troca de forte ataque. Se 10...,Rxh7; 11. Bxd7,Dxd7, recuperando o Cavalo após 12.De4+.; 13.Dxd5.*

10...,Bxb5; 11.Dxb5,c6; 12.Dd3,Cb4; *Inicialmente, pensei em 13.De4, mas receberia um f5 e perderia a Torre após Cxc2. Também analisei Df5 sempre defendendo a entrada de Cxc2, mas Dh4 daria contra-jogo às Negras e problemas para as Brancas. Finalmente vi o lance que salvava a Torre.*

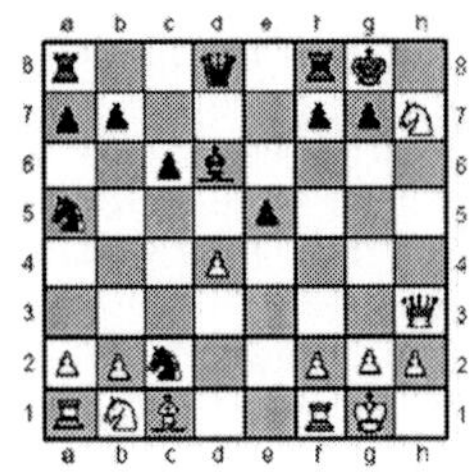

Posição após13.Dh3,Cxc2;

13.Dh3!,Cxc2? *Fiquei surpreso por Rogério* não ter visto o perigo. Estava realmente fora de forma após seus 10 anos de afastamento.

14.Cg5 *e agora? Como evitar o Mate*?

14...,Te8; (único); 15.Dh7+,Rf8; *Aqui tinha uma linha interessante: (16.Dh8+,Re7; 17.Dxg7 ameaçando novamente o Mate, seguindo forte pressão sobre as Negras).*

Mas, era muita coisa a analisar. Preferi seguir a máxima de Steinitz.

Após conseguir uma pequena vantagem, reorganize suas peças até transformar esta vantagem em uma maior ou ganho de peça.

Já tinha a peça na mão. Então, era só pegar e administrar a vantagem da peça a mais. O resto seria uma questão de tempo.

EXERCÍCIO:

Caso as Brancas resolvessem entrar na variante 16.Dh8+,Re7; 17.Dxg7 o que as Negras poderiam fazer após 17. Dxg7? Estude cada uma das opções abaixo.

a) Mover o Bispo
b) Tf8
c) Rd7
d) Dd7

Posição: t2dt3 – pp2rpD – 2pb4 – c3p1C1 – 3P4 – 8 – PPc2PPP – TCB2TR1
(Soluções ao final do Capítulo IV.)

Voltando à partida:

16.Dxc2,f6; 17.Df5,De7; 18.Cf3, *havia o perigo da Dama e Torre na mesma Coluna* ***e****. Como não queria mexer na minha estrutura de Peões do Roque, achei mais prudente retornar o Cavalo.*

18...,Df7; 19.b3

3º **Princípio da Abertura Depois do Roque** – Abertura de linhas – (no caso, para o Bispo da Dama) e analogamente, fechar linhas do adversário.

A Dama preta foi posicionada na Diagonal a2-g8. O lance b3 além de reduzir a ação da Dama, impede o Cavalo preto de manobrar por c4 além de dar nova opção para o Bispo de c1.

19...,g6; 20.Dh3,Rg7; 21.Cc3,exd4; *precisava desenvolver as peças inativas da Ala da Dama. Também precisava resolver a debilidade de meu Peão isolado, preferencialmente, pela troca que me deixaria com maioria de Peões na Ala do Rei, onde concentrava meu ataque*;

22.Cxd4,Be5; 23.Be3,c5; com todas as minhas peças desenvolvidas, agora era só preparar um Plano de Ataque, beneficiado pela peça a mais.

24.Cde2,c4?! *creio que b6 seria melhor para firmar a maioria dos Peões pretos na Ala da Dama e reduzir a ação do Bispo Branco* – fechar linhas do adversário – *além de dar maior mobilidade ao Cavalo inoperante em a5*;

25.b4,Cc6; 26.a3,a6; 27.Tad1, Ted8; 28.f4!,Bc7; 29.Ce4,De7; 30.Df3,Txd1; 31.Txd1, *quem tem peça a mais, troca peças iguais. Certo, mas essa troca tinha que ser forçada pelas Negras para que as Brancas continuassem com o controle da Coluna* ***d****.*

31...Td8, 32.C2c3,Txd1+; *as Negras estão "fazendo o jogo" das Brancas com a troca de peças. Aqui, analisei cuidadosamente retomar com a Dama, mas isso criaria uma dupla debilidade no Cavalo em e4 sujeito a um ataque por f5 e no Bispo em e3*;

33.Cxd1,Dd8; 34.Dg4, *preparando a troca das Damas.*

34...,Rf7; 35.f5,Ce5; 36.fxg6+Cxg6; *esta manobra preliminar teve como objetivo abrir caminho para o Bispo* – Abertura de Linhas – *e liberar o caminho do Peão de* ***h****, aumentando a tensão sobre o Rei adversário.*

37.Cc5,Dd6; a *ameaça de Mate é inócua diante da decisão das Brancas de trocar as Damas.* 38.Dd7+,Dxd7; 39.Cxd7,Ce5; *poderia tro-*

car os Cavalos mantendo uma peça a mais; mas por que trocar um Cavalo excelente com amplas possibilidades de ataque por outro que praticamente não tinha nada a fazer?

40.Cc5,Bb6; 41.Cxb7,c3! (*Susto! Se capturo o Peão, perco o Bispo com Xeque igualando a partida; se capturo o Bispo, perco a partida com a promoção do Peão. O Rei está longe, não tem como acudir. Levei 3 minutos angustiados, até perceber a solução óbvia*);

42.Cc5,c2; 43.Cb2,Re7; 44.Rf1,Rd6; (*Os Reis entram na luta nos Finais*) 45.Re2,Cd7; 46.Rd2,a5;

Cabe ao Rei a eliminação do Peão invasor. As outras peças ficam empenhadas no ataque.

4º Princípio da Abertura após o Roque – Mobilidade e Harmonia entre as peças.

- **RECORDANDO:**

1º Princípio da Abertura Depois do Roque – Controle do Centro;
2º Princípio da Abertura Depois do Roque – Desenvolvimento de Peças;
(Ver Xadrez na escola 2ª Ed. p. 104)

47.Cc4+,Rc6; *agora poderia eliminar o Bispo com Cxb6, mas, novamente! Porque trocar meu excelente Cavalo por um Bispo "Mau"? O Princípio da Emergência recomenda eliminar logo a peça mais importante das Negras e esta é a Dama potencial existente no Peão*);

48.Rxc2,axb4; 49.axb4,Bxc5; 50.bxc5,Cxc5; 51.Bxc5,Rxc5;

Agora, a peça a mais garante a vitória. Poderia, simplesmente, defender o Cavalo com o Rei ou retirá-lo, mas tanto um lance quanto outro seria uma perda de tempo: Rogério confirmando sua qualidade de bom jogador, também percebeu;

52.h4.Rd5; *o Rei estava fora do Quadrado de h4. Se captura o Cavalo, não tem como impedir a promoção do Peão Passado*;

53.h5,Re6; 54.g4,Rf7 (*O Peão não tem como promover sozinho. Trata-se de um Final de Peões, o Cavalo no caso, é apenas uma peça acessória para o desfecho da partida*);

55.Cd6+Rg7; 57.Ce8+Rf7; 58.Cxf6,Rxf6; 59.Rd3, Abd. Nada mais a fazer.

O que mais gostei nesta partida, foi conseguir manter a concentração por todo o tempo e mais ainda, a coerência filosófica de meu Plano de Jogo. Ao adotar o Ataque Fegatello, estava consciente da possibilidade do Gambito do Cavalo que por caminhos diferentes, concretizei no 10º lance com Cxh7. Depois, beneficiado pelo "cochilo" de meu adversário em 13...,Cxc2 , mantive o meu e ganhei o dele ficando com peça a mais (Cavalo). No final, exatamente o cavalo é oferecido mais uma vez e finalmente sacrificado para a vitória final.

Por isso, pensei em batizar esta partida como o Cavalo de Tróia II (Já tenho uma anterior com este nome), mas finalmente encontrei outro melhor e com maior justiça ao meu adversário: **Pégaso** (O cavalo voador da mitologia grega)

- **Partida nº 67**

SYLVIO REZENDE 1X0 BARTHOLOMEU A. SANTOS

CIRCUITO ABERTO DE XADREZ DO CCB (Xadrez Rápido 30')

21/10/2012 – 5ª Rodada:

Abertura Italiana/Def. 2 Cavalos/Ataque Fegatello

1.e4,e5; 2.Cf3,Cc6; 3.Bc4,Cf6; 4.Cg5,d5; 5.exd5,Cxd5; *Muitos preferem Ca5. Ainda sou favorável a Cxd5;*

6.Cxf7,Rxf7; 7.Df3+,Df6?! *O correto era Re6. O lance feito devolve de imediato o Cavalo e deixa as Negras com problemas.*

8.Bxd5+,Be6; 9.Bxc6,Dxf3? Outra opção seria: 9.Bxe6+,Rxe6; 10.Db3+Rd7; 11.Dxb7,Tb8; 13.Da6, etc.

10.Bxf3,c6; *O lance falho das Ngrs com Dxf3 deixou as Brs com peça a mais.* 11.Cc3,Be7; 12.d3,Bf6; 13.Ce4,Tad8; 14.Be3,b6; 15.Bg5,h6; 16.Bxf6,gxf6; *As trocas favorecem as Brancas que têm uma peça a mais;*

17.0-0-0,c5; 18.h3 *preparando mais uma troca e abrindo espaço para o Cavalo.*

18....,Bxa2? *Novo erro! O Peão era uma isca! As Negras perdem o Bispo.*

19.b3,Bxb3; 20.cxb3,Td4; 21.Cc3,a6; 22.Rb2,Thd8; 23.Cd5,b4; *As Brancas podem trocar Cavalo e Bispo por Torre, porque estão com duas peças a mais;*

24.Cc7?!,T8d6 (24.Rc2 seria melhor); 25.Bd5+,Re7; 26.The1?

A facilidade da partida pode causar descuidos como esse. O Melhor era Be4, devolvendo a casa d5 para o Cavalo.

26...,Rd7; 27.Ce6,T4xd5; 28.Cf8+,Re8; 29.Cg6,Rf7; 30.Ch4, *as Brs perderam o Bispo e vários lances para escapar com o Cavalo.*

30....,Txd3; 31.Txd3,Txd3; *as Negras estão mal, precisam fazer alguma coisa para encontrar contrajogo*;

32.Rc2,Td4; 33.Cf5,Tf4; 34.Cxh6+,Rg6; 35.Cg4,Rf5; 36.Ce3+,Rg5; 37.f3,Rh4; 38.Cd5,Tf5; 39.Cc7. *recuperando a concentração!*

39...,Rg3; 40.Te2,c4; 41.b4! *Melhor que a captura! O Peão em b4 segura dois e o Rei impede o 3º.*

41...,e4; 42.fxe4,Te5; 43.Rc3,f5; 44.Rd4,Te7; 45.Cxa6,fxe4; 46.Cc5,c3? *as Brancas poderiam simplificar com 46.Txe4 propondo a troca das Torres e vitória imediata. (Por sua vez, as Negras poderiam tentar 45...,Td7+; 47.Rc3,Td3+; 48.Rc2,Ta3; 49.Cc7,Ta2+; 50.Rd1,Ta1+; etc.).*

47.Rxc3,e3; 48.Rd3,Abd.

- **ATAQUE FEGATELLO – "Contra Gambito Fegatello"**

As duas defesas usuais contra o Ataque Fegatello são 5...., Cxe5 ou Ca6. Das duas, prefiro Cxe5 pelas razões já explicadas anteriormente. Porém, em 4 de julho de 2015, na Festa de Queijos e Vinhos do CCB – Serrinha – Itatiaia/RJ em que participo com uma Clínica de Xadrez, estava aproveitando um momento de folga para voltar ao meu estudo do Fegatello e em dado momento, me veio uma ideia: Após 4.Cg5, em vez da resposta usual d5, resolvi 4....,Cxe4! (O lance me pareceu tão bom que resolvi merecer um sinal !). Vejamos diversas continuações possíveis:

I - Var. 5.Cxf7

a) 1.e4,e5; 2.Cf3,Cc6;3.Bc4,Cf6; 4.Cg5,**Cxe4**(N); 5.Cxf7,Dh4; 6.0-0,Cxf2; 7.Txf2,Dxc4; 8.Cxh8,Bc5; 9.d3,Bxf2+ 10.Rxf2,Dh4+; 11.Rg1,d5; 12.Df3,Be6; 13.Cc3,De1+; 15.Df1,Dxf1+16.Rxf1,0-0-0; 17.Cg3,hxg3; *já que ia perder o Cavalo, é preferível dobrando os peões.*

18.Bg5,Tf8+ etc. Ngrs com Peão a mais, controle do Centro e melhor desenvolvimento além de maioria de Peões na Ala da Dama. Lembre-se das palavras de Capablanca.

b) 1.e4,e5; 2.Cf3,Cc6; 3.Bc4,Cf6; 4.Cg5,**Cxe4**; 5.Cxf7,Dh4; 6.0-0,Bc5; 7.De2,Tf8; 8.d3,Cd4; 9.Dxe4,Dxe4; 10.dxe4,Cxc2; etc.

c) 1.e4,e5; 2.Cf3,Cc6; 3.Bc4,Cf6; 4.Cg5,**Cxe4**; 5.Cxf7,Dh4; 6.0-0,Cxf2; 7.Txf2,Dxc4; 8.Cxh8,Bc5; 9.Dh5+,g6; 10.Cxg6,Bxf2+; 11.Rxf2,Df7+;

12.Rg1,hxg6 etc *As Ngrs* têm o controle do Centro, melhor desenvolvimento de suas peças e diversas opções de ataque.

d) 1.e4,e5; 2.Cf3,Cc6; 3.Bc4,Cf6; 4.Cg5,**Cxe4**; 5.Cxf7,Dh4; 6.0-0,Cxf2; 7.Txf2,Dxc4; 8.Cxh8,Bc5; 9.Df3,Bxf2+ 10.Dxf2,Dd4; 11.c3,Dxf2+ 12.Rxf2,d5; 13.d3,Bf5; *Ngrs melhor desenvolvidas e após a captura do Cavalo em h8, com Peão de vantagem.*

II - Var.5.Cxe4;

a) 1.e4,e5; 2.Cf3,Cc6; 3.Bc4,Cf6; 4.Cg5,**Cxe4**; 5.Cxe4,d5; 6.Bd3,dxe4 *recuperando a peça*; 7.Bxe4,Bc5; 8.0-0,f5; 9.Bf3,Cd4; 10.d3,0-0; etc.
a.1) 10...,Cxf3+; 11.Dxf3,0-0; etc.

b) 1.e4,e5; 2.Cf3,Cc6; 3.Bc4,Cf6; 4.Cg5,**Cxe4;** 5.Cxe4,d5; 6.Bd3,dxe4; 7.Bxe4,Bc5; 8.0-0,Dh4; 9.Cc3,Bg4; 10.Ce2,Cd4; 11.Bd3,e4; 12.Bc4,b5; 13.Bd5,Cxe2+ 14.Rh1,Bxf2;15.Txf2, (*forçado, a ameaça é Cg3++*) 15...,Dxf2; 16.c4, (*Em desespero para tentar salvar a Dama, mas as Negras não mordem a isca!), 16...,Cg3+ 17.hxg3,Bxd1 e Ngrs vencem.*
b.1) 16.Bc6+,Re7; 17.d4,Cg3+; 18.hxg3,Bxd1; 19.Bf4,Bxc2; e as Ngrs estão superiores e ganham.

c) 1.e4,e5; 2.Cf3,Cc6; 3.Bc4,Cf6; 4.Cg5,**Cxe4**; 5.Cxe4,d5; 6.Bd3,dxe4; 7.Bxe4,f5; 8.Bf3,e4; 9.Be2,Cd4; 10.Bc4,Bc5; 11.d3,b5; 12.Bb3,Bb7; 13.0-0,Cxb3; 14.axb3,Dd5; *etc. As Ngrs com melhor desenvolvimento.*

Após esta 6ª proposta, parei por estar satisfeito com os resultados obtidos e decidido a adotar meu Contra-Gambito quando surgir a oportunidade de aplicação em alguma partida. Deve-se notar, que com 4...,Cxe4, as Ngrs não perdem uma peça, pois recuperam a seguir, o que demonstra a correção do lance dentro dos princípios do Xadrez.

NOTA: Jamais vi em qualquer partida sobre o Ataque Fegatello o lance 4...,Cxe4. Sempre encontrei para 4.Cg5,d5; e após 5.exd5,Cxd5 ou Ca6. Por isso, achei adequada a anotação N (Novidade teórica) para 4....,Cxe4 anotado em minha proposta inicial.

É claro que você não deve ficar com minhas análises como um dogma: foram todas feitas em ambiente festivo e sem a concentração adequada, mas, posteriormente, revendo as diversas continuações, considerei todas válidas, inclusive com diversos desdobramentos. Faça então seus estudos a respeito e tire as suas próprias conclusões. É a melhor forma de progredir. Boa sorte!

5.1. PARTIDAS COM e4

- **Partida nº 68**

SYLVIO REZENDE 1x0 SAULO TINOCO
Torneio Interno do Club Municipal – 17/7/2006
Def. Siciliana

1.e4,c5; 2.Cc3,Cc6; 3.f4,d6; 4.Cf3,g6; 5.Bc4,e6; 6.d4,cxd4; 7.Cxd4,Bg7; 8.Cce2,Cge7; 9.Be3,0-0; 10.0-0,Te8, 11.c3,Db6; 12.Bb3,Bd7; 13.Cf5,Dc7; 14.Dxd6,Dxd6 *fiquei com maioria de Peões na Ala da Dama, logo, segundo Capablanca se trocasse peças iguais poderia ganhar o Final*;

15.Cxd6,Teb8; 16.Tad1, Be8; o *Cavalo em d6 está em posição excelente, não vou trocá-lo por um Bispo que não tem para onde ir.*

17.Cd4,Ca5; 18.Bc2,Td8; *poderia ganhar um Peão com b4 expulsando o Cavalo seguido de Cxb7, mas* só iria contribuir para duas Colunas abertas para as *Ngrs explorarem em contrajogo.*

19.C4b5,Bxb5; 20.Cxb5,Cc4; 21.Bc1,a6; 22.Cd4,b5; 23.Rh1,Rh8; 24.h3,Cg8; 25.Cf3,Cf6; 26.e5,Cg8; 27.Be4,Tac8; 28.Rg1,Ce7; 29.b3,Ca5; 30.Txd8+,Txd8; 31.Cd4,Tc8; 32.Tf3,Cf5; 33.Ce2,Cc6; 34.Be3,Cxe3; 35.Txe3,Bf8; 36.Bxc6,Txc6; n*a primeira troca no lance 31, o Cavalo preto estava perigosamente bem posicionado em f5. Propus a troca com Be3 e aceitou ficando com seus Peões em casas brancas da cor de meu Bispo e que meu Cavalo poderia atacar sem que o Bispo adv. de casas pretas pudesse defender. Era necessário então eliminar o Cavalo dele. Foi o que fiz e com muitos Peões no Tabuleiro, meu Cavalo ficou em posição vantajosa sobre o Bispo adversário.*

37.Cd4? *Este lance foi precipitado, teria primeiro que tirar meu Rei das casas da cor do Bispo adversário. A distração poderia me custar a partida.*

34...,Bc5; 35.Td3, Bxd4+ (Ver gráfico abaixo); 36.Txd4, Txc3; *Capturar de Peão seria bom para as Ngrs.*

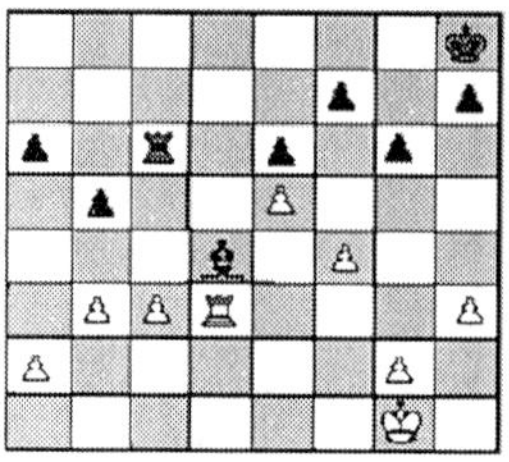

a–*35.Td3,Bxd4+; 36.cxd4?,Tc2; 37.d5,exd5; 38.Txd5,Txa2 revertendo a superioridade na Ala para as Ngrs.*

b – *35.Te4,Bxd4; 36.cxd4?,Tc2; 37.d5,exd5; 38.Td4,Txa2; 39.Txd5,Tb2; 40.Td3,Rg7; e as Ngrs ficaram com um Peão a mais na Ala da Dama e estão com sua Torre mais ativa. Teria que lutar muito para garantir um empate.*

37.Rf1,Tc1+?; *Existem certas situações que dar Xeque é pura perda de tempo: esta era uma delas; era melhor Tc2 atacando a base de meus Peões*;

38.Re2,Tc2+; 39.Td2,Tc5; 40.Td8+,Rg7 agora foi minha vez de um xeque desnecessário, botei o Rei dele em jogo;

41.Rd3,h6; 42.h4,g5; 43.hxg5,hxg5; 44.g3,gxf4; 45.gxf4,Tc7; 46.Td6,a5; 47.Ta6,a4; 48.Tb6?,Td7+; *errei de novo: 48.bxa4! ficaria com Peão passado distante e apoiado. A vitória seria certa*!

49.Re3,axb3; 50.axb3,Td5; 51.Re4,Tc5; 52.Rd4,Td5+; 53.Rc3,Rg6; 54.Td6,Rf5; 55.Txd5,exd5; 56.Rd4,Rxf4; 57.b4,Rg5; 58.Rxd5,Rf5;

Posição: Rd5,b4,e5//Rf5,b5,f7 jogam as Brs.

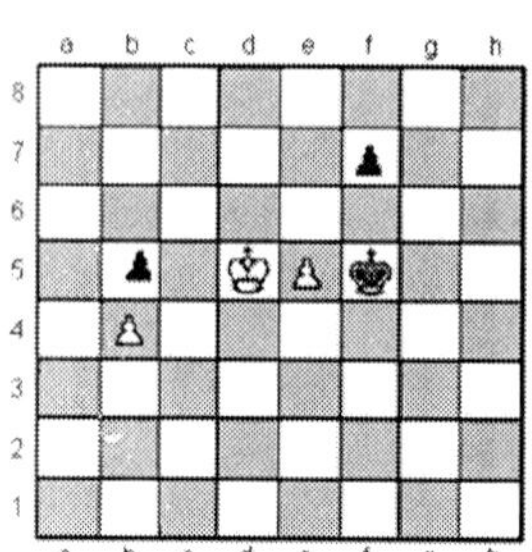

Nesta posição, jogam as Brancas. A partida está empatada, mas restava uma única esperança. As Negras errarem! Não custava nada tentar, por isto joguei o único lance que permitiria o erro.

a – Qual o lance que as Brancas devem jogar para tentar ganhar?

b – Após o lance Branco o que devem fazer as Negras para manter o empate?

(Ver: Final de Partida, p.102)

- **Partida nº 69**

GUILHERME CALMBACH 0 x 1 SYLVIO REZENDE

TORNEIO INICIO DO CLUB MUNICIPAL

30'/25 Lances + 15' NOCAUTE

16/02/2004 – 6ª Rodada

Gambito do Rei

1.e4,d6; 2.f4,f5; 3.Bc4,c6; 4.Cf3,fxe4; 5.Cg5,d5; 6.Bb3,e5; 7.d4,h6?; 8.Dh5+,Rd7; (Aplicação do Mate do Louco)

9.Df7+,De7. *Para Ce7 as Brs teriam duas variantes.*

a) 10.De6+,Re8; 11.Df7+Rd7; 12.Ce6,De8; 13.Dxe8+;Rxe8; 15.Cc7+ ganhando a Torre de a8; etc.

b) 10.Ce6,Da5+; 11.Bd2,Db6; 12.Cxf8+Rd8; 13.Ce6+Rd7;14. Cc5+,Rd8; o Rei não pode afastar-se do Cavalo que seria capturado; 15.fxe5, etc. As Brs com peça a mais e forte ataque na Ala do Rei.

10.Dxe7+,Rxe7; 11.Ch3,Bxh3; 12.gxh3,exd4; 13.c4,Re6; 14.Tg1,Be7; 15.Txg7,Cf6; 16.f5+,Rd7; 17.cxd5,cxd5; 18.Ba4+,Cc6; o ataque do Bispo só favoreceu o desenvolvimento do Cavalo e a Torre de a8 que estavam inertes; Após as trocas, as Ngrs ficaram com 3 Peões centrais passados e com melhor desenvolvimento.

19.b4,a6; 20.b5,axb5; 21.Bxb5,Thg8; 22.Bxh6,Txg7; 23.Bxg7,Tg8; 24.Bh6,Ch5; 25.a4,e3! (*"Matou" o Bispo de h6*);

26.a5,Rc7; 27.a6,Ca7; 28.Bd3,Th8; 29.axb7,Txh6; 30.Txa7,Bh4+; 31.Re2?,Cf4+; 32.Rf3,Cxd3; 33.Ca3,Tb6; 34.Rg4,Bf6; 35.Ta5,Cf2+, 36.Rf3,Cxh3; 36.Txd5,Cg1+; 37.Rg2,e2; 38.Cc2,Txb7; 39.Rxg1,Rc6; 40.Txd4,e1D+; 41. Abd.

- **EXERCÍCIO:** Após 35.Ta5, as Negras tinham lance melhor para fazer: Procure descobrir.

- **Partida nº 70**

GUILHERME CALMBACH 0 x 1 SYLVIO REZENDE

V TORNEIO INTERNO CMUN-2004

06/9/2004 – 4ª Rodada.

Gambito do Rei

1.e4,**d6**; - *sabia que ele fatalmente, jogaria "seu" Gambito do Rei, então, resolvi retardar minha definição de defesa* já pensando no *em experimentar a formação da Defesa Holandesa onde vinha tendo bom desempenho com a Variante Antoshin.*

*2.f4,c6; 3.Bc4,**f5** – o lance preparado de ante-mão. Para 4.exf5,Bxf5 e estaria com o Bispo desenvolvido e a Coluna f aberta para a Torre após o Roque.*

4.Cf3,fxe4 – *Com o Cavalo em f3, nada teria a perder tomando a iniciativa da troca e como desejava, abrir a Coluna para a Torre.*

5.Bxg8 (?) – *Não entendi! Erro primário de Calmbach. Estando com o Cavalo de f3 atacado pelo Peão, resolveu trocar o Bispo bem desenvolvido pelo meu Cavalo inerte. O lance, como conversamos depois,* só pode ter sido causado por distração (falta de concentração). Fez a análise da Torre tomar o Bispo e forte ataque de Dama e Cavalo sobre a Ala do Rei (*decidir pelo adversário*) *e esqueceu-se de perguntar: "e se ele não fizer?"* Não tive a menor dúvida, após uma rápida análise à procura de cilada, resolvi recuperar meu Cavalo pelo Cavalo de f3, pois, o Bispo em g8, continuava atacado pela Torre e o Peão de g2, igualmente atacado. Se salva um *perde o outro!*

Não se deve atacar deixando uma própria peça sob ataque, a não ser em troca de maiores compensações.

5....,exf3; 6.Bb3,fxg2; 7.Tg1,d5 – *para cortar a ação do Bispo de b3;*

8.Dh5+, *a manobra pensada por Calmbach; só que falta o cavalo para apoiar.*

8....,g6; 9.De5,Tg8 – *pensei seriamente em sacrificar a Torre e partir com a Dama para a Ala do Rei apoiando o Peão de g2 e forte ataque com possibilidade de promoção recuperando a peça, mas o risco era grande e não convinha menosprezar a máxima de Steinitz – conseguindo uma vantagem, por menor que seja, reorganize suas peças mantendo a vantagem e aguardando pacientemente nova vantagem ou erro do adversário, pressionado pela necessidade de recuperar o equilíbrio (material ou posicional).*

- **EXERCÍCIO**: *Procure variantes pos***síveis** *em troca do sacrifício da Torre.*

10.Txg2,Bf5; 11.d3,Bg7 – é hora de expulsar a Dama;

12.De2,Cd7 – é preciso completar o desenvolvimento de todas as peças;

13.c4 ? – *este lance favorece o ataque das Negras;*

14....,Cc5; 15.Bc2,dxc4; 16.dxc4,Cd3+; *minha vantagem estava cada vez maior, as trocas me favoreciam.*

17.Bxd3,Bxd3; 18.De6, *a Dama estava com poucas opções. Aqui, decidido a trocar as peças (quem tem peça a mais, troca peças iguais) quase peguei a Dama para jogar em d6 propondo trocar as Damas. Já quase tocando na peça, "gelei" ao perceber o erro! Recolhi rapidamente a mão como se tivesse levado um choque e tratei de salvar a Torre atacada.*

18....,Tf8; 19.Td2? *outro lance horrível, não era dia do Calmbach.*
19....,Dd4; 20.Cc3??,Dg1++

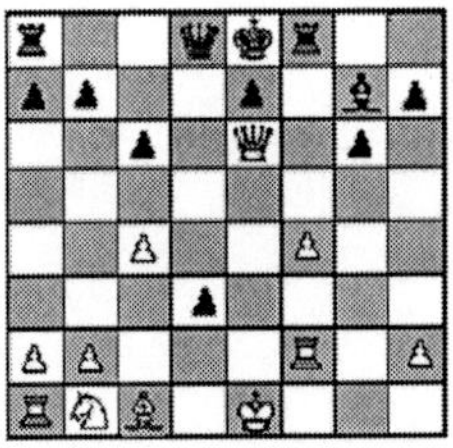

Posição após 18...,Tf8

Exercício: Procure as diversas opções para as Brancas após 18...,Tf8 e continuações possíveis da partida.

NOTA: A posição após 19...,Dd4 é semelhante a um dos meus exercícios de Mate de Dama que dou a meus alunos durante a aprendizagem: (Re6,Dd3//Re8 #2).

Esta partida demonstra claramente o acerto do exercício.

5.2. PARTIDAS COM Cf3

- **Partida nº 71**

SYLVIO REZENDE 1 x 0 GILBERTO HENRIQUE
VI TORNEIO INTERNO CMUN
11/10/2004 – 3ª Rodada.

NOTA: O meu adversário era um forte jogador e muito rápido; especialista em partidas "relâmpago" (Ping, Blitz), mas tinha um problema: ficava impaciente quando jogava partidas pensadas e era este seu "Calcanhar de Aquiles". A minha estratégia decidida, já uma semana antes, seria retardar ao máximo as respostas e, se possível, as trocas apostando na impaciência dele. É claro que ele também estava já há algum tempo procurando corrigir esta falha. Durante toda a semana, não cheguei a uma conclusão sobre qual abertura usar até que chegou o momento da partida.

Estava em dúvida sobre qual 1º lance adotar, pois e4 levava a jogo agressivo que desejava evitar; c4 era muito conhecido principalmente por "pinguistas". Numa situação como esta, preferia jogar de Negras para escolher os rumos da partida (as Brancas escolhem a Abertura, mas cabe às Negras definirem o rumo da partida com a Defesa adotada). Neste caso, poderia optar por Andersen (a3), mas nunca tinha estudado essa linha de jogo.

Dentro da ideia de aguardar os acontecimentos, sem definir de imediato a Abertura, decidi por Cf3, pois, este, caracterizando a Abertura Reti, está presente em diversas Aberturas, permitindo assim, como c4, as futuras transposições.

1.Cf3,c5 – *Como esperava, meu adversário tinha se preparado com uma Siciliana, alvo de seus recentes estudos.*

Poderia agora, escolher minha linha de jogo, contra uma Abertura Inglesa, com um lance a mais.

2.c3,d6 – *Se meu adversário tivesse jogado d5, estaríamos jogando um Gambito de Dama às avessas. Poderia então, optar por uma Eslava de Brancas, mas Gilberto manteve-se em seu plano inicial, de jogar uma Siciliana (desde que eu jogasse e4).*

3.g3 – *Preparando-me para uma Variante Cerrada contra a Siciliana, mas de qualquer modo, jogando apenas lances presentes em formações de diversas aberturas.*

3....,Cf6;4.Bg2,g6 (*Meu adversário, firme em seu plano inicial, joga uma Var. Dragão da Siciliana, mas eu não joguei* ***e4.*** *Minha estratégia é exatamente retardar ao máximo a definição da Abertura mantendo, porém, diversas possibilidades. Com isto, caso não jogue e4, meu adversário, estará adotando a* *<u>defesa errada</u>* (Ver *Xadrez na escola*, p.151 2ª Ed ou 1ª Ed. p.146).

5.0-0,Bg7; 6.d3,0-0; 7.Cbd2,Cbd7; 8.Tb1,Tb8; *as Torres estavam na Diagonal de um Bispo "fianchetado", ninguém iria ficar esperando que a linha ficasse desobstruída.*

9.Dc2 – *a Dama deve ir para c2 (também presente em diversas formações), por sua vez, a Torre de b1 está isolada pelo Bispo em c1. Também,* já estava pensando em investir finalmente com e4 e a Dama em c2 apoiaria o avanço na Diagonal para o domínio da casa central.

9.....b5 – *finalmente, meu adversário partiu para o ataque que desde o 1º lance eu provocava. Bastava agora, solidificar minha estrutura defensiva, evitando trocas e aguardando pacientemente qualquer erro de meu oponente.*

10.a3,Cb6; 11.b3,Dc7; 12.Bb2, *ligando finalmente as Torres e com o Bispo na vigília do Bispo oposto, pouco a pouco fui desenvolvendo minhas peças sem enfraquecer a posição.*

12...,c4 *Creio que este ataque é prematuro, pois, a troca pretendida* não é forçada.

13.b4 – *Não me interessava a ruptura. O jogo iria para uma troca rápida de peças, contrária ao meu plano inicial.*

13...,Bf5 – *finalmente, o lance de ataque que esperava ao colocar a Dama em c2.*

14.Cd4!,cxd3; 15.exd3,Bd7 – *o retorno forçado do Bispo, resultou em uma perda de tempo e agora meu Cavalo estava em excelente posição.*

16.C4b3, a minha ideia inicial era C2b3 com vistas a Ca5 com 3 peças atacando c6, mas havia o risco de 16...,e5; preferi então o caminho mais seguro;

16...,Tfc8; 17.Tbc1,Ca4 – não havia razão para a Torre em b1, mas sim em c1, pois já se anunciava um ataque na coluna por parte das Negras.

18.Ba1,Ce8; - não me interessava perder a Diagonal para o Bispo oposto, como também, não me interessava entrar em trocas duvidosas. O meu Bispo, a meu ver, era superior ao Cavalo na posição.

19.c4,Bxa1 (*Quando diversas peças se concentram em ataque a um Peão, o simples fato de mover o Peão, pode anular todo o esforço feito sobre ele*) *Agora, sim, trocar os Bispos pressionando b5 e com maioria de Peões na Ala da Dama, iniciar trocas de Peças, favorecendo um Final de Peões com superioridade na Ala.* (Salve Capablanca).

20.Cxa1 – *captura com o Cavalo e não com Txa1(?).* O Cavalo em a1 *fortalece a defesa da Dama em caso de abertura da Coluna* **c**.

20...,bxc4; 21.dxc4 – *Finalmente! Consegui a maioria desejada e agora, basta "seguir a cartilha" do grande Mestre cubano: Trocar todas as peças e vencer o final de Peões.*

21....,a5; 22.b5,Cc4; - *aceitar a troca seria um erro. Dois Peões dobrados em* ***a*** *e um isolado em* ***c****. Jogaria por terra toda minha vantagem. As Negras são forçadas a jogar novamente com o Cavalo. Novo tempo ganho para as brancas. Agora, faço questão das trocas!*

23.Cab3,Ca4 (?) – *vai perder mais um tempo. Seria melhor Ce6 para investir sobre meu Rei,* descansando tranquilamente longe do palco da crise.

24.Cd4,Cb6; 25.Cc6, - Consegui finalmente colocar meu Cavalo em c6 forçando a troca com superioridade posicional.

25....,Bxc6; 26.Bxc6,Cf6; *Com Cf6, Gilberto perdeu a oportunidade de criar uma debilidade em minha estrutura de Peões, contrapondo em a4 com o Peão débil das Negras.*

27.a4,d5 ? – *percebendo minha nova ameaça de Ce4, Gilberto tentou nova ruptura, mas sem resultado. Era só o que eu precisava. Avançar o Peão e ganhar definitivamente a Ala da Dama com a estrutura sólida de Peões, sendo dois passados. Por sua vez, o Cavalo Negro não* tem como escapar, onde jogar, *vou trocá-lo com novo ganho de tempo e garantir o final após c6.*

28.c5,Cbd7; 29.Bxd7,Cxd7; 30.c6,Cb6; - *Agora seguindo Steintz* "conseguindo uma vantagem por menor que seja, reagrupe suas peças procurando manter o desenvolvimento e partir pacientemente em busca de nova vantagem", é só ocupar todos os espaços com a maior mobilidade de minhas peças e com melhor desenvolvimento. Os lances das Negras são praticamente inócuos.

31.Tfe1,e6; 32.Cf3,Dd6; - *as Negras procuram infiltrar a Dama sobre o ponto a4, mas terão uma surpresa.*

33.Ce5! – *primeira isca; torci para meu adversário jogar f6 atacando o Cavalo, (33....,f6; 34.Cxg6!,hxg6; 35.Dxg6+,Rei move; 36.Dxf6+,Rg8; 37.Dxe6+ trocando as Damas e ganhando). Gilberto não mordeu a isca. Preveniu-se contra um possível avanço do Peão ou um ataque sobre f7.*

33....,Tc7; 34.Cd3,Da3; 35.Cc5!,Td8; – *A ideia da Dama era clara. Ataque duplo sobre a4. O lance Ce5 era uma isca, mas também o início de bela manobra de Cavalo para apoiar a defesa do ponto débil e fechando o retorno da Dama Negra em nova cilada que Gilberto só percebeu tarde demais. Cc5 tinha ainda a ameaça clara sobre as Torres como desvio da verdadeira intenção que era a Dama Negra.*

36.Te3,Db4 *(Gilberto confessou após a partida, que quase abandonou pensando que tinha perdido a Dama).*

37.Ca6!, - *a cilada! A Dama sem lugar para ir, teve que se resignar ao duplo que tinha evitado com Td8.*

37....,Dd6; 38.Dc5,Dxc5; 39.Cxc5 – *Surpresa! Em vez de ganhar a qualidade sobre a Torre, troca de Damas forçada e capturando a Dama com o Cavalo, não com a Torre, pois, daria condições de contra-jogo.*

Alguns colegas comentaram que deveria ganhar logo a qualidade sobre a Torre em vez da troca das Damas, porém continuo firme que meu lance foi mais correto. Enquanto meu Cavalo era excelente, as duas Torres de meu adversário eram verdadeiros "montes de barro", não tinham o que fazer a não ser travar o avanço de meu peão de c6. Por outro lado, a Dama sim, era a peça mais ativa, podendo infiltrar-se em minhas defesas e com a ajuda do Cavalo criar problemas para as Brancas. Seguindo ainda os Grandes Mestres do Tabuleiro: Mais importante que a vantagem material é a vantagem posicional. Não convém às Brancas, perder seu Peão de a4 dando às Negras, condições de contra-jogo.

39....,d4; 40.Ta3, - liberando *o Cavalo para novas incursões.*

40....,e5; *as Negras tentam valorizar seus Peões centrais com seu Peão passado em d4.*

41.Cb7! – *Novamente o "Puro Sangue" – Duplo na Torre e no Peão de a5. Defende a Torre, cai o Peão; defende os dois e as Negras ficam "com uma Torre a menos", ou melhor com duas; escravizadas no avanço do Peão em c6 e na defesa de a5. O sacrifício quase que é forçado.*

41....,Txb7; 42.cxb7,Tb8; 43.Tc7,Rg7;

44.Rf1?! – Analisando posteriormente a partida, achei desnecessário este lance. O Rei estava dentro do Quadrado do Peão. Seria melhor dinamizar a Torre de a3 para a1, com vistas à dobra na 7ª Fila, mesmo a custa do Peão de a4. Também seria melhor, pois, com a Torre em a3, não poderia tomar o Peão de e5 pois levaria um duplo nas Torres (44...,Cd5, 45.Tc5,Cb6; 46.Txe5,Cc4). Com Ta1, sem perigo do duplo nas Torres e trocando o Peão de b7 que dificilmente seria promovido, por um Peão central mais dinâmico e perigoso.

Na realidade, não previ a tentativa de ataque constante do Cavalo sobre a Torre de c7, com pouco espaço de manobra (quando se está ganhando há uma tendência de relaxar nas análises, enquanto o adversário em inferioridade está com o raciocínio "a todo vapor" no desespero de encontrar uma solução salvadora).

44....,Cd5; 45.Tc5, Cb6; (após meu lance, levantei-me e como já disse Kasparov, "a vantagem do computador é que não precisa levantar para ir ao banheiro e perder a concentração") ao retornar e ver o lance de meu adversário, ERRADAMENTE respondi quase de imediato, sem PRIMEIRO RESTAURAR MINHA CONCENTRAÇÃO.

46.Txe5?,Txb7?? – (citando Karpov: "em Xadrez, vence quem faz o penúltimo erro") – corretíssimo! Já tinha percebido, anteriormente, o risco do duplo, porém, ao levantar-me, perdi a concentração e inadvertidamente, fiz o lance e "gelei", felizmente meu adversário (que também já tinha percebido o duplo), premido pela pressão do Peão de b7, caiu no mau hábito do "ping" e jogou mecanicamente para sorte minha. Após o susto, respirei fundo, enquanto Gilberto, desolado, lamentava seu erro maior e já mais atento, parti para a vitória.

47.Te4, Td7; 48.Re2, (Td3 também ganha: 48.Td3,Cxa4; 49.Texd4!), 48....,f5; tentando desalojar a Torre, mas...

49.Te6,Cd5 (*Cilada! Se 50.Ta6,d3+; 51.Rxd3,Cb4+desc. e duplo na Torre*); 50.Ta6,Te7+ (variante da mesma cilada sem perigo para a Torre caso eu tomasse o Peão com Txd3) – porém, já tinha recuperado a concentração e resolvi devolver a cilada, oferecendo o duplo nas Torres.

51.Rd2, (o Rei não pode entrar em d3!),

51....d3; 52.Txd3!,Cb4; 53.Txa5,Cxd3; 54.Rxd3!

Ao preparar esta contra cilada, lembrei-me de uma partida em que jogara contra Oscar Vieira em um Campeonato por Equipes Classe A e estava tão bem na posição, que tendo a oportunidade de trocar o Cavalo excelentemente situado em d6 por uma Torre. Preferi não fazê-lo por ser partida por equipes e eu não queria arriscar com qualidade a menos contra jogador tão forte. Pois bem, Oscar Vieira, inferior na posição, em dado momento, sacrificou a Torre pelo meu Cavalo, destruindo o principal suporte de meu ataque e ganhando a partida. Como bom aluno, aprendi a lição e não hesitei na possibilidade de devolver a qualidade com final vencedor.

54....Te4; (não há mais perspectivas para as Negras).

55.b6,Te8; 56.b7,Tb8; 57.Tb5, Abd.

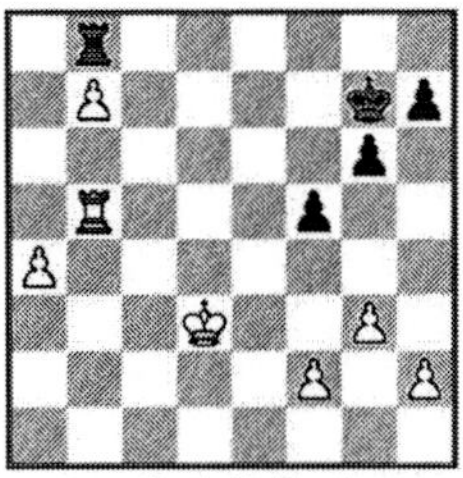

Posição Final

- **Partida nº 72**

SYLVIO REZENDE 1 x 0 ALBERTO LOMBARDI
VI TORNEIO INTERNO CMUN
25/10/2004 – 5ª Rodada.

NOTA: Lombardi é um jogador seguro, mas também tem problemas com o tempo. Resolvi, então, adotar a mesma estratégia que adotei contra Gilberto: fazer um lance inicial que me permitisse transpor para qualquer abertura e evitar trocas imediatas.

1.Cf3,d5; 2.c3,c5; 3.g3,Cf6; 4.Bg2,e6; 5.0-0,Bd6; 6.d3,h6; 7.Be3,0-0 (*Be3, com ideia de induzir meu adversário a trocar o Cavalo, pelo Bispo, pois, os Cavalos seriam mais úteis na posição fechada que eu desejava*).

8.Cbd2,Cbd7; 9.Cb3,a5; 10.a4,b6; 11.Tc1,Ba6; 12.Cbd2,Cg4; 13.b3,Cxe3; 14.fxe3, Ce5; *desde o lance 7.Be3, já planejava tomar com o Peão de f para fortalecer o Centro e abrir a Coluna para a Torre com ataque sobre o Roque adv.*

15.Cxe5,Bxe5; - *Consegui meu plano: eliminar os Cavalos do adversário e agora manter um Cavalo em jogo.*

16.d4,Bd6; 17.c4,Bb7; 18.Cb1,Be7; 19.Cc3,Tb8; *valorizando o Cavalo, explorando os holes e casas débeis na defesa adversária.*

20.cxd5,exd5; 21.Tc2,Bg5 – *não quis jogar Dd3, para manter a tensão no Peão cravado na Diagonal em d5.*

22.Dd2, Te8,23.Cd1,Tc8; 24.Bh3,Tc7; 25.Tf3,Bc8; 26.Cf2,De7; *tentei a troca de Bispos com desenvolvimento do Cavalo, mas Lombardi não caiu no golpe e o jeito foi trocar em c8 mesmo. Não podia era deixar ele melhorar as peças.*

27.Bxc8,T7xc8; 28.Cd1,Tc6; 29.dxc5 (*Dd3 teria sido melhor*), 29....,Txc5; 30.Tc3, *preferi não trocar as Torres para evitar a união dos Peões em c5,d5 ou permitir melhor posicionamento da Dama Negra no ataque a d3*),

30....,d4; d*urante todo o tempo, estive pensando ",se avançar o Peão tomo de imediato". Quando ele finalmente avançou, pensei logo em tomar (Dxd4?) mas, felizmente, seguindo minhas próprias lições, resolvi analisar um pouco mais e vi o desastre em que me meteria*).

Posição após 30.Tc3,d4;

31.Td3,dxe3; 32.Cxe3,Te5; 33.Rf2,Dc5; (*finalmente, consegui instalar o Rei em f2 fortalecendo a defesa do ponto crítico em e3. O meu plano, agora, é trocar todas as peças em e3, ficando com o Rei melhor posicionado e garantindo a vitória em um final de Reis e Peões*).

34.h4 (*agora ou nunca! Não podia deixar que ele avançasse o Peão de h para dar espaço ao Bispo, urgia forçar as trocas*).

34....,Bxe3+ - *Neste momento, meu adversário entrou nos 5 minutos finais enquanto eu tinha uma boa folga de 18 minutos no meu tempo. Propôs empate que eu naturalmente recusei por ter meu plano de vitória já estabelecido. (Jamais recusaria simplesmente para derrubar a seta e ele como todos que me conhecem, sabia disto*).

35.Tdxe3,Txe3; 36.Txe3,Txe3; 37.Dxe3,Df5+ - *Ele sabia que não podia trocar as Damas com seu Rei mal posicionado.*

38.Rg2 (*talvez Df3 fosse melhor*), 38....,Dd5+; 39.Df3,Dd6; 40.De4 (seria mais correto, direto em a8+), 40.Dc7 (*se ele jogasse Rf8 eu teria problemas. Precisava trocar as Damas antes da seta dele cair*);

41.De8+,Rh7; 42.Rf3?! (*tenho dúvidas quanto a este lance ser o melhor*), 42....,Dc3+; 43.De3,Dc6+? – *A pressão do tempo é muito forte, o correto seria Df6+ com mais luta, mas de qualquer maneira as Negras teriam dificuldades de evitar a troca das Damas.*

44.De4+,Dg6; *agora, as Negras estão irremediavelmente perdidas.*

45.Rf4 (*h5 seria mais contundente e melhor. A certeza da vitória, me fez relaxar um pouco e deixar escapar; felizmente, Lombardi apura-*

díssimo, não jogou igualmente h5 que me daria mais trabalho embora vencesse ao final),

45....,f6; 46.h5,Dxe4+; 47.Rxe4, g6 (*tempo: SR= 10' e Lombardi apenas 1 minuto disponível.*).

48.g4,g5 *poderia ter jogado direto Rd5 atacando a Ala da Dama indefesa, mas já tinha feito o plano final, tratava-se de um final onde as casas limite na Ala do Rei, decidiriam a partida. E seria mais didático para minhas aulas, do que simplesmente partir para o massacre*;

49.Rf5,Rg7; 50.Re6, Abd.

- **Partida nº 73**

ROBERTO PACHECO 0 x 1 SYLVIO REZENDE

II TORNEIO INTERNO CMUN

06/4/2009 – 6ª Rodada

1.Cf3,Cf6 (*Uso muito este lance quando quero jogar "após" o adversário; por isso devolvi a proposta*);

2.d4,g6 (*Consegui! Roberto Pacheco definiu a Abertura como PD. Nestes casos gosto da Defesa Grunfeld*);

3.g3,Bg7; 4.Bg2,c6; *poderia jogar logo d5, mas com o Bispo em g2, resolvi usar uma formação de Peões da Eslava.*

5.0-0,d5; 6.Cbd2,Bf5 (*Cbd2, sinaliza e4 ou c4. Pretendia jogar e5, mas não queria prender meu BD com Cd7, então liberei o Bispo mantendo o desenvolvimento*).

7.Te1,Dc7; 8.c4,0-0; 9.Ch4,Be6; *poderia jogar Bg4 provocando os Peões brancos ou Bd7 que tiraria a casa natural do CD. Be4 propondo trocas, era ruim, porque f3 "matava" meu Bispo e meu 0-0. O lance jogado foi melhor, pois representava uma ameaça que tinha que ser resolvida pelo adversário*;

10.cxd5,Cxd5; *creio que 10.b3 seria melhor porque manteria a tensão com mais desenvolvimento nos casos das Negras jogarem 10...,dxc4; 11.Cxc4 protegendo d4, com contrajogo. Com o lance jogado, preferi Cxd5 pela ameaça imediata sobre d4 e preservar a maioria de Peões na Ala da Dama. Por outro lado, tomar com Bxd5? Teria o inconveniente pela troca do Bispo com desenvolvimento das Brancas*;

11.Cf1?,Db6; se *a ideia era tirar o Cavalo da frente da Dama e do Bispo, seria preferível em b3 com mais ação. Em f1, vai para uma posição muito passiva. Também jogar e3 seria mais interessante, ou melhor ainda, jogar Ce4 com acesso às casas c5 e g5.*

12.e4?,Bxd4! *achei e4 precipitado. Permite a manobra de sacrifício com Bxd4, finalizando com Bispo e Cavalo por Torre e dois Peões com melhor desenvolvimento das Negras.*

13.Te2,Cc7; 14.Be3,Td8; 15.Cf3,c5; 16.Td2,Cc6; 17.a3?,Bg4 (*17.a3? Era imperioso alguma ruptura, as Negras estão muito fortes no Centro – 17.Cxd4, etc. Talvez, oferecesse melhor jogo para as Brancas*);

18.h3,Bxf3; *como as Brancas não agem, as Negras aproveitam e livram-se de seu pior Bispo pelo forte Cavalo em f3, vulnerando o Centro branco.*

19.Bxf3,e5; *também poderia jogar Ce5, mas Be2 seria bom para as Brancas que agilizariam seu Bispo de casas brancas. Além do mais, e5 fortalece a posição do Bispo em d5 com maior CONTROLE DO CENTRO*;

20.Tb1,Ce6; 21.h4,Td6; 22.Bg4,Tad8; 23.Df3,Bxe3 (*A possibilidade de Bh6 e Df6 é muito remota, De2 talvez fosse melhor. Ou mesmo Bxe6, pelo menos eliminava um dos fortes Cavalos pretos, por um Bispo inoperante*).

24.Dxe3,Ced4: 25.Tbd1,Rg7 (*As Negras vão posicionando suas peças para o arremate final*);

26.h5,h6; 27.Ch2,Ca5 (*Atenção para a Cavalaria!*);

28.Dc3,Cab3; 29.Td3,Dc7. *Com os Cavalos solidamente posicionados, as Ngrs preparam uma investida pela Ala da Dama onde estão nitidamente superiores.*

Poderia ainda: 29....,f5; 30.exf5,gxf5; 31.Bxf5?,Ce2+dupl ganhando a Dama; mas...e se ele não fizer? Haviam diversas alternativas; mas sabia que não podia avançar o Peão de e5 com o Rei preto na diagonal da Dama branca. Era muita coisa para analisar e, nestes momentos, é melhor seguir uma linha segura e foi o que decidi com melhor posicionamento de minha Dama.

EXERCÍCIO: Procure alternativas para as Brs: no caso de 29....f5;

30.Rg2,c4 (*Agora, a Infantaria*); 31.Te3,b5; 32.Cf3,De7; 33.hxg6,fxg6 (*Mais uma Coluna para as Torres das Negras agirem*).

34.Th1?,h5 *(Th1 é inútil. Seguem-se vários lances equivocados das Brancas);*

35.Bh3,g5; 36.g4,h4; 37.Tee1,Df6; 38. Abd.

- **Partida nº 74**

HERIVALDO SILVA 0 x 1 SYLVIO REZENDE

VII INTERNO CMUN – 08/10/2012 – 3ª Rodada

Abertura Inglesa

1.c4,e5; 2.Cc3,Cf6; 3.g3,Bc5; 4.Bg2,c6; 5.Cf3,d6; 6.d3,h6; 7.a3,a6; 8.b4,Ba7; *a3 já prenunciava b4, então tratei de garantir a segurança do Bispo*; 9.Bb2,Be6; 10.Cd2,Cbd7; 11.Cde4,Cxe4; 12.Cxe4,Cf6; 13.Tc1,Bd4; 14.Bxd4,exd4; 15.Dd2,Cg4; 16.Df4,Ce5; 17.Cd2,Df6; Interessado na troca das Damas *ignorei o ataque ao Peão de d4; teria sido melhor 17...,Db6*;

18.Dxd4,0-0; 19.0-0,Tad8. Eu jogava sem a concentração necessária, *o Roque poderia esperar*. Herivaldo *deixou de ganhar outro Peão central.*

20.Db6,Td7; 21.Ce4,De7; 22.De3,Cg4;*não* havia necessidade d*e retornar com a Dama, as Brs tinham um forte ataque com f4 e a seguir, f5*;

23.Dd2,b6; 24.Dc3,Tc8; 25.Db2,Tdc7; *A Dama branca fez 3 movimentos inócuos, permitindo melhor posicionamento das Negras.*

26.d4,d5; *Os quatro últimos movimentos das Brancas, favoreceram nitidamente as Negras*;

27.cxd5,cxd5; 28.Txc7,Dxc7; 29.Cd2,Dc2; *Aproveitando a "ajuda" de Herivaldo, resolvi trocar as Damas deixando minha Torre ativa na sétima, mas ele acertadamente não aceitou*;

30.Tb1,Df5; 31.Cf3,Dc2; *Tc2 seria mais agressivo ganhando o Peão de e2 e logo a seguir dobrando a Dama na sétima forçando a troca das Damas com final superior (31...,Tc2; 32.Db3,Txe2; 33.Tf1,Dc2)*;

32.h3,Cf6; 33.Ce5,Bf5; 34.Dxc2,Txc2; 35.e3,Ce4; 36.Bxe4,Bxe4; 37.Td1,Tc7; não queria o Cavalo perturbando meus Peões na Ala da Dama.

38.Cg4,f6; 39.Ch2,h5; meus lances de Peão "tiraram o Cavalo do jogo". Já posso reiniciar meu ataque.

40.Ta1,g5; 41.Cf1,g4; 42.h4,Rf7; 43..Ch2,Re6; *aproxima-se o Final! O Rei deve ser acionado para apoiar o ataque.*

44.Cf1,Rf5; 45.Ch2,Bd3; 46.Rg2,Re4; 47.Rg1,Be2; 48.Rg2,f5; 49.Rg1,Rd3; 50.a4,Rc2; *o Rei branco está imobilizado enquanto o Rei preto é* a peça fundamental neste Final.

51.a5,b5; 52.Te1,Bd3; 54.Cf1,Rc3; 55.Ch2,Bc4; 56.Cf1,Bb3; 57. Tb1,Rxb4; 59.e4,fxe4; 60.Ce3,Tc6; 61.Cxd5+,Ra3; 62.Ta1+?,Rb2;

63.Te1,Bxd5; 64.Te2+,Tc2; 65.Te3,Td2; 66.Rg2,Txd4; 67.Rg1,Bc4; 68.Rg2,Bd3; 69.Rg1,Rc2; 70.Rg2,Rd2; 71.Rg1,b4; 72.Rg2,b3; 73. Abd. (85' x 70')

- **Partida nº 75**

SYLVIO REZENDE 1x0 XERXES BATALHA

VII INTERNO CMUN – 22/10/2012 – 4ª Rodada

Defesa Phillidor

1.e4,e5; 2.Cf3,d6; 3.Bc4,h6; 4.h3,Cf6; 5.Cc3,c6; 6.0-0,Be7; 7.d4,exd4; 8.Cxd4,Cbd7. *Tudo de acordo com a linha da Phillidor. Resolvi, então, fiel ao meu estilo, partir para o ataque*; 9.Cf5,Tg8? *O Roque defenderia o Peão, protegeria o Rei e desenvolveria a Torre, como o princípio geral das Aberturas*;

10.Cxd6+,Bxd6; 11.Dxd6,De7; 12.e5,Dxd6; 13.exd6,Cc5. *O resultado da falha defensiva de Batalha é um ataque devastador das Brancas.*

14.Te1+,Ce6; 15.f3,g5; 16.Ce4,Cxe4; 17.fxe4,Bd7; 18.b4,b6; *as Ngrs podem estar pretendendo 0-0-0, então tomo logo a iniciativa para debilitar o setor*;

19.g3,Cd4; *não* me interessava deixar a casa f4 disponível para o Cavalo, quero aquela Coluna aberta para a Torre;

20.Tf1,Be6; 21.Bxe6,Cxe6; 22.Be3,Tf8; 23.Tf6,Th8; 24.c4,Th7; 25.c5.b5; 26.a4,Tb8; 27.e5, *consolidando a estrutura de Peões e fechando todos os caminhos para as Negras.*

27...,Tb7; 28.Bd2,Rf8; *joguei Bd2 com ideia de atrair o Cavalo para fora de sua posição e também fortalecer a base de b4, passível de ataque via a5.*

29.Bc3,Re8; 30.axb5, Abd.

- **Partida nº 76**

SYLVIO REZENDE 1x0 IRAHY CARVALHO

VII INTERNO CMUN 2012

05/11/2012 – 6ª Rodada

Defesa Siciliana

1.e4,c5; 2.Cc3,Cc6; 3.Bc4,Cf6; 4.Cf3,d6; 5.h3,g6; 6.0-0,Bg7; 7.d3,a6; 8.a4,0-0; *até aqui, ambos jogamos de acordo com o "protocolo" da Siciliana. Resolvi, então, partir para o ataque*; 9.Cd5,Cxd5; 10.exd5,Ce5; 11.Bb3,Bd7; 12.c3,b5; 13.axb5,axb5; 14.Txa8,Dxa8;

15.Cxe5,Bxe5; 16.Be3,Bg7; 17.d4?,c4; d4 *perde e5, seria melhor 17...,Dd2 seguindo com c4 mantendo e5 e maior domínio do Centro*; 18.Bc2,Dxd5; 19.b3,f5; 20.f4,Bc6; 21.Tf2,De6; 22.Bd2,Bd5; 23.Te2,Dd7; 24.Be1,Ta8; 25.Bh4,e6; 26.Db1,Ta3; 27.Db2,Da7; 28.bxc4,Bxc4; 29.Td2,e5; 30.fxe5,dxe5; 31.Bf2,Ta2; 32.Db4,Dd7; 33.Be1,e4; 34.Bb3,Txd2? O correto seria 34...,Ta1 com contra jogo;

35.Bxc4+,Rh8? *Perde uma peça. Era necessário bxc4 para igualar;*

36.Bxb5,Bxd4+; *as Ngrs devem ter pensado: 36....,Bxd4+; 37.cxd4,Dxd4+; forçando a troca das Damas tentando igualar, mas além da análise falha, esqueceram de perguntar* e se ele não fizer? *– a análise falha em: 37.Dxd4,Txd4; 38.Bxd7,Txd7 e as Ngrs com jogo superior. Só que as Brs acharam resposta melhor que deixou as Ngrs com suas 3 peças atacadas*;

37.Rf1!,Dd8; 38.Bxd2,Be5; 39.Be2,Rg7; 40.Db7+,Rf8; 41.Bh6+,Rg8; 42.Bc4+,Rh8; 43.Dd5,Dxd5; 44.Bxd5,Bxc3; 45.Re2,Bf6; 46.g3,Bg7; 47.Be3,h6. *Não achei conveniente ainda, trocar meu Bispo de casas pretas. Meus Peões estão nas Colunas g e h, com grande possibilidade de ficar com o Peão de h para promover em h8 de cor contrária ao meu Bispo restante. Daria empate. Tenho primeiro que debilitar a estrutura dos Peões pretos*;

48.h4,Rh7; 49.Bf4,Bf6; 50.Be6,Rg7; 51.Bd6,Bd4; 52.h5,Rf6; 53. Bd7,g5; 54.Bf8,Be5; 55.Rf2,f4; 56.gxf4,gxf4; 57.Bxh6,Bd4+; 58. Rf1,f3; 59.Bc6,Re5; se..,Rf5; 60.Bf8,f2; 61.h6,e3; 62.Be4+!,Rg5; 63.Bg7,Bf6; 64.Rf2! e as Negras ficam em Zugzwang, têm que jogar e perdem; 60.Bg7+,Rd6; 61.Bxd4,Rxc6; 62.h6,Rd5; 63.Be3,Abd.

- **Partida nº 77**

ARTHUR FREIRE VIANA 0 x 1 SYLVIO REZENDE
TORNEIO 80º ANIVERSÁRIO CLUB MUNICIPAL
12/11/2012 – 1ª Rodada
Defesa Semi Eslava

1.d4,Cf6; 2.Cf3,e6; 3.Bg5,c6; 4.c4,h6; 5.Bh4,Be7; 6.Cc3,d5; *meu propósito é ficar com maioria de Peões na Ala da Dama após cxd5*;

7.e3,0-0: 8.Bd3,Cbd7; 9.a3,dxc4; r*esolvi romper e atacar.*

10.Bxc4,Cd5; e*rrei! Decidi por ele: 11.Cxd5,Bxh4; não analisei o fato dele fazer diferente*;

11.Bxe7,Dxe7; 12.0-0,C7f6; 13.Te1,Cxc3; 14.bxc3,Cd5; 15.Dc2,b5; 16.Bd3,f5; 17.Ce5,De8; 18.a4.b4; 19.c4,Cc3; 20.c5,a5; meu *propósito da maioria de Peões surtiu efeito, criando um Peão passado e apoiado*;

21.Db3,Ba6; 22.Bxa6,Txa6; c*om meu Peão passado e meu Cavalo bem instalado em c3, procuro as trocas para levar a partida para um Final superior.*

23.Dc4,Ta8; 24.f3,Cd5; 25.f4,Tf6; 26.h4,Cc3; 27.Df1,Ce4; *por um lado,* ha*via o risco das Brancas forçarem uma ruptura por e4. Melhorei então a posição de meu Cavalo, centralizando e aproximando-se do Rei adversário para futuro ataque na Ala do Rei. Por outro lado, tirava de meu Peão a tarefa de defender o Cavalo em c3, potencializando sua função de Peão Passado com a ameaça latente do avanço para promoção*;

28.Df3,h5; 29.Te2,Th6; 30.Dh3,Cf6*; movimento meu Cavalo para ganhar tempo e maiores opções não só defensivas como de ataque.*

31.Tc1,Tc8; 32.g3,Dd8; m*inhas Torres substituem a Dama na defesa de meus Peões base; posso então, melhorar a ação de minha Dama como peça de ataque*;

33.Cf3,Dd5; 34.Cg5,Cg4; 35.Td1,Db3; *minha ideia é clara, ou ganho o Peão de a4 e dois Peões passados, ou ganho o Peão de e3 e aí, o "Ruído da Memória" como dizia Silvio Mendes. A idéia da ruptura por e4 com apoio da Torre de e2, estava latente nos planos de meu adversário e quando menos se espera, vem o "ruído" e o jogador faz o lance, sem se dar conta do perigo iminente*;

36.e4??,Dxd1+ (57' x 30'); 37.Df1,Dxf1+;38.Rxf1,Td8; 39.exf5,exf5; 40.d5,cxd5 *boa tentativa, se tomo de Torre levo Mate!*

41.Te7,Tf6; 42.Ce6.Txe6! *O Cavalo vinha sendo a peça mais perigosa com seus saltos; estava com peça a mais, então, troco minha Torre extra pela peça mais perigosa do adversário*;

43.Txe6,Rf7; 44.Tb6,d4; 45.c6,Ce3+ meu Cavalo não é mais necessário na Ala do Rei, e*ntão deve vir para o ponto de ataque das Brancas.*

46.Re2,Tc8; 47.Tb7+,Rf6; a *Torre e o Cavalo podem dar conta do Peão de c6*; 48.c7,Cd5; 49.Rd3,Txc7; 50.Txc7?,Cxc7; 51.Rxd4,Re6; *positivamente, meu adversário não é bom de finais! Nunca poderia trocar a Torre dele, agora basta as Negras jogarem burocraticamente e ganhar a partida;*

52.Rc4,Rd6; 53.Rb3,Rc5; 54.Rb2,Rc4; 55.Rc2,Cd5; 56.Rb2,b3; *neste caso, o Peão pode avançar na frente de seu Rei porque o Cavalo atua no apoio*;

57.Rc1,Cc3; 58.Rb2,Cxa4+; 59.Rc1,Rc3; 60.Rb1,b2; 61.Ra2,Rc2; 62.Ra3,b1D; 63. Abd.

5.3. CIRCUITO ABERTO DE XADREZ DO CAMPING CLUBE DO BRASIL

Os Circuitos de Xadrez do CCB, desde 1995 têm como objetivo proporcionar lazer e oportunidade de aperfeiçoamento para novos adeptos do Xadrez, bem como proporcionar treinamento para jogadores mais experientes e federados sem o risco de interferir no *rating* oficial dos jogadores que podem assim, usar estes torneios como laboratório para seus estudos pessoais.

As partidas dos Circuitos do CCB são com referencial de Xadrez Rápido 30' em 5 rodadas seguidas e jogadas no mesmo dia (Processo que criei para o CCB e posteriormente adotado por outros organizadores) .

- **Partida nº 78**

SYLVIO REZENDE 1 x 0 BARTHOLOMEU A. SANTOS

TORNEIO ABERTO CCB

Recreio – RJ/10 – 24/7/2010

Aplicação do Mate do Louco

1.e4,e5; 2.Cf3,f6? *Considero a pior defesa para e5. Permite o sacrifício do Cavalo com aplicação do Mate do Louco.*

3.Cxe5, De7!? *Esta defesa de Bartholomeu me surpreendeu, mas continuei erradamente na manobra sem analisar convenientemente a surpresa do De7;*

4.Dh5+,g6; 5.Cxg6?,Df7? *Aqui, Bartholomeu tinha a refutação que não viu para sorte minha. (5...,Dxe4+ ganhando o Cavalo e desenvolvimento);*

6.Cf4,Dxh5; 7.Cxh5,d6; 8.Bc4,Be7; 9.Cg7+Rf8; 10.Ce6+,Bxe6; 11.Bxe6,Cc6; *com as trocas, as Brancas ficaram com par de Bispos e dois Peões contra Bispo e Cavalo. Agora é seguir a recomendação de Steinitz e reagrupar as peças para novo Plano de Ataque*. 12.c3,Ch6; 13.d4,Rg7; 14.f4,Cd8; 15.f5,Cxe6; 16.fxe6,c6; *as Brancas trocaram a vantagem do Par de Bispos, por um Peão passado fortemente instalado em e6.*

17.d5,c5?! *Era preferível 17...,cxd5 liberando f5 para o Cavalo. O lance feito, permite às Brancas um forte Centro de Peões guarnecendo o Peão passado.*

18.c4,b6; 19.Cc3,a6; *aqui, as Brancas poderiam (20.Bxh6,Rxh6) "matando" o Bispo preto contra um Cavalo Bom; mas seria trocar um Bispo Bom por um Cavalo sem espaço de manobra.*

20.Bf4,Thf8; 21.h3,f5?; 22.e5!,dxe5; 23.Bxe5+,Bf6; 24.Bc7, *por que trocar um Bispo excelente por um Bispo Mau?*

24...,Bd8; 25.d6,Bxc7; *agora vale a pena, por um Peão na 7ª Fila e outro prestes a entrar também.*

26.dxc7,Tac8; 27.Cd5,Tfe8; 28.e7,Cf7; 29.0-0,Rg6; 30.Tae1,Cd6??

Melhor seria defender a entrada da Torre com 30...,Cg5 e após, Ce4 fechando a porta da Torre. Mas de qualquer forma, as Negras já estão perdidas.

31.Te6+,Rf7; 32.Txd6, Abd.

- **Partida nº 79**

SYLVIO REZENDE 1 x 0 LUIZ CLAUDIO FERNANDES

CXII TORNEIO ABERTO CCB

Recreio – RJ/10 – 10/7/2011 – 2ª Rodada:

Defesa Siciliana

1.e4,**c5**; 2.Cc3,Cc6; 3.Bc4,e6; 4.Cf3,g6; 5.d4,cxd4; 6.Cxd4,Bg7; 7.Cdb5,Cge7?; era preciso evitar Cd6+. 7...,d5, seria uma boa opção: 8.exd5,Cxd4, etc. com peça a mais;

8.Cd6+,Rf8; 9.Df3,Ce5; 10.Df4,C7c6; 11.Be3,Rg8; 12.Cd5!,exd5; *belo sacrifício!*

13.Bxd5,Df6; 14.Dxf6,Bxf6; 15.f4,Be7; 16.fxe5,Cxe5; as Brs recuperam a peça e sacrificam de novo.

17.Cxf7.Cxf7; 18.0-0!,Rf8; 19.Txf7+,Re8; *seria melhor, 19.Bd4 ameaçando a Torre de h. Após Tg8, então sim, 20.Txf7+,Re8; 21.Txe7+,Rxe7; 22.Bxg8 e as Negras podem abandonar.*

20.Taf1,d6; 21.Bd4,Tf8; 22.Txf8+,Bxf8; *Brs com Peão a mais e desenvolvimento superior.*

23.Tf7,h6; 24.Bg7,Bxg7; 25.Txg7,g5; *as Brancas vão eliminando as melhores peças das Negras e com a Torre "a mais" vão eliminar os Peões da Ala do Rei. As Negras estão com seu Bispo imobilizado para não perder a outra Torre e precisarão de no mínimo 3 lances para que ela possa entrar em atividade.*

26.c4,a5; 27.Rf2,Ta6; *se Ta7; 28.Tg8+,Rd7; 29.Be6+,Rxe6; 30.Txc8 e a maior mobilidade da Torre branca, seria fundamental para a vitória.*

28.Bxb7,Bxb7; 29.Txb7,Tc6; 30.b3,a4; *A Torre preta não tem passagem livre, o que dá às Brancas oportunidade de levar seu Rei para o ataque. O Rei das Negras está preso na Fila 8 e nada pode fazer.*

31.Re3,axb3; 32.axb3,Ta6; 33.Rd4,Ta2; 34.g4,Txh2; 35.Rd5,h5; 36.Re6,Rf8; 37.Rf6,Tf2+; 38.Rxg5,hxg4; 39.Rxg4, Abd.

- **Partida nº 80**

MAURICIO FRAMBACH 0 x 1 SYLVIO REZENDE

CXII TORNEIO ABERTO CCB

Recreio – RJ/10 – 10/7/2011 – 3ª Rodada

Abertura Bird.

1.f4,Cf6; 2.e3,d5; 3.Cf3,Bg4; 4.Be2,c5; *a Abertura Bird favorita de Frambach na época, é uma Abertura de desenvolvimento agressivo na Ala do Rei. Neste caso de acordo com a norma geral, devo contra atacar pela Ala da Dama.*

5.0-0,Cc6; 6.d4,Ce4; 7.Ce5,Bxe2; 8.Dxe2,cxd4; 9.Cxc6,bxc6; 10.exd4,f6; p*rovocando 11.Dh5+.*

11.Cd2,f5; 12.Cf3,c5; 13.dxc5,Cxc5; 14.Be3,Ce4; 15.Tad1,e6; 16.Ce5,Be7; 17.Dh5+,g6 (As *Brs aplicaram o Mate do Louco* não quando eu provoquei mas, *quando achou mais conveniente! E agora, o que dizem os "instrutores"?);*

18.Cxg6,Cf6; 19.Dh3,Tg8; 20.Ce5,Bd6; 21.c4,Bxe5; 22.fxe5,Cg4; 23.Bf4,Db6+; 24.Rh1,Cf2+; 25.Txf2,Dxf2; (*Txf2 é forçado! As Negras tinham o Mate de Phillidor armado – se 25.Rf1,Cxh3+ havendo ou não a Dama em h3; 26.Rh1,Dg1+!! 27.Txg1,Cf2++*)

26.Be3,De2; 27.Tc1,dxc4; *precisava trazer o Peão para apoiar meu Peão da Coluna a, contra dois Peões adversários;*

28.Bd4,0-0-0 *com o Grande Roque, livro o Rei de ataques imediatos da Dama branca ao mesmo tempo que ataco o Bispo de d4*;

29.Bg1,Td2; se *29.Bc3,Td1+ e Mate em dois. Já com Bg1, não serve Td1 porque dá contra jogo para as Brs com 30.Txd1,Dxd1; 32.Df3,etc.*

30.Df3,Dxg2+; 31.Dxg2,Tdxg2; 32.Txc4+,Rb7; 33.Bd4,Td2; 34.h4,Tg4; 35.Tb4+,Rc6; 36.Tc4+,Rd4; 37.Tc5+,Rxd4; 38.Tc7,Txh4+; 39.Rg1,Rxe5; 40.Txa7,Tc4; 41.Ta5+,Rf4; 42.Txf5+,exf5; 43. Abd.

Para alguns que possam estranhar o fato de Frambach continuar jogando após perder o Bispo e não ter como impedir o Mate das duas Torres, a partida era com relógio e a tentativa correta era de jogar até o último instante; porque além de aproveitar uma partida inferior para treinar o raciocínio defensivo para outras partidas posteriores, o adversário poderia estar no apuro de tempo e errar ou a seta cair. Recomendo sempre este procedimento para meus alunos. Depois, se achar necessário, explique ao adversário a razão de ter continuado.

- **Partida nº 81**

SYLVIO REZENDE 1 X 0 LAUCOF MIGON
CXXIII TORNEIO ABERTO CCB

RecreioRJ/10 - 21/8/2011

Abertura do Centro

1.e4.b6; 2.d4,d5; 3.f3,Ba6; *A sugestão é trocar os Bispos, mas se eu fizer o que ele propõe, abro mão de meu Bispo sem ter jogado e ele desenvolve o Cavalo. (Como já disse Lasker "se é bom para ele, não é para mim"). Resolvi então, continuar com meu desenvolvimento.*

4.Bd3,Bxd3; 5.Dxd3,e6; *poderia capturar com o Peão, mas já tinha avançado o Peão de f; não seria recomendável mexer nas duas estruturas antes do Roque.*

6.Bf4,Cf6; 7.Cd2,dxe4; 8.Cxe4,Cd5; 9.Ce2,Cc6; 10.a3,Cxf4; *Não seria conveniente permitir a ação dos Cavalos e Bispo via b4. Por sua vez, desejava a troca do Bispo por Cavalo, pois desejava o confronto de meus dois Cavalos contra Bispo e Cavalo.*

11.Cxf4,Cxd4; 12.0-0-0,Tc8? *Descuido fatal; era necessário proteger o Cavalo;* 13.Dxd4,Bd6; 14.Cxd6+,cxd6; *consequ*ência dos dois erros sucessivos das Negras. Já tinham perdido uma peça e não poderiam colocar o Bispo em d6. A troca das Damas seria inevitável, então poderiam jogar Be7 evitando uma troca também das Torres. Qualquer troca de peças, favorece as Brancas com peça a mais (***Quem tem peça a mais, troca peças iguais***); *agora a Dama Branca tem* à sua disposição *mais um Peão, com duplo ataque em d6 e g7.*

15.Dxd6,De7; 16.Td3,Td8?! *Seria preferível Tc7 e a seguir, 0-0 trazendo a Torre do Rei para o jogo;* 17.Dxd8+,Dxd8; 18.Txd8,Rxd8; 19.Td1+,Re7; 20.c4,Tc8; 21.b3,b5; 22.Td4,e5; 23.Te4,bxc4; 24.Cd5+,Abd.

Partida nº 82

XERXES BATALHA 0 x 1 SYLVIO REZENDE

VI Torneio Interno CMUN 2012

03/9/2012

Abertura do Bispo

1.e4,e5; 2.Bc4,Cf6; 3.d3,d5; 4.exd5,Cxd5; 5.Bxd5,Dxd5; 6.f3,Bc5; 7.c3,0-0; *A Abertura adotada por Batalha contraria os princípios gerais das Aberturas, movendo demasiadamente os Peões em detrimento do desenvolvimento de suas peças*;

8.Ce2,Td8; 9.c4,Dd6. *Por que não capturei o Peão em d3? Porque a troca das Damas favoreceria as Negras mal desenvolvidas. Ex.: 9...,Dxd3; 10.Dxd3,Txd3 – trocaria minha Dama ativa e apoiada pela Torre por uma Dama em sua casa inicial, proporcionando às Negras a correção e compensação de sua má abertura. Além do mais, a Torre em e3 não teria mais nada a fazer isolada no campo adversário. Cedo ou tarde teria que fazer um lance de defesa enquanto as Brancas teriam lances de desenvolvimento a fazer como Cbc3 e Cg3 com ação em e5 e e4,etc. Manter a tensão e ampliar meu desenvolvimento, era a melhor coisa a fazer, como diria Lasker: "Se deu o Peão, é porque era bom para ele, logo não era bom para mim"!)*

10.Cbc3,Bf5; 11.Ce4,Bxe4; 12.fxe4,Df6; 13.Tf1,Dh4+ (*Aplicação do Mate do Louco*); 14.Cg3,Bb4+; 15.Rf2,Bc5+; 16.Be3,Bxe3+ (*Seria melhor 16...,Df5+. Justifique!*

17.Rxe3,Dh6+; 18.Rf2,Db6+; 19.Rf3,Cc6; 20.Ce2,Cd4+; 21.Cxd4,Txd4; 22.b3,Tad8; 23.De2,Df6+?; *perda de tempo, o correto seria 23...,Txd3+ e o Rei branco seria obrigado a jogar em g4 ficando exposto aos ataques das Negras, com as Torres em ataque avassalador na Coluna (Veja em* Soluções do Cap. IV p. 8).

24.Re3,Dh6+; 25.Rf2,Txd3; 26.Rg1,Td2; 27.Df3,Dg6; 28.Tad1,h6. *O perigo de Mate do Corredor, obrigou h6; como a posição resultaria igual, preferi a cautela*;

29.Txd2,Txd2; 30.Td1,Db6+; 31.Rh1,Dd4; 32.Txd2,Dxd2; 33.Rg1,Dd4+; 34.Df2,Da1+; 35.Df1,Dxa2; 36.Df3,Db1+; 37.Df1,Dxe4; 38. Abd.

- **Partida nº 83**

LAUCOF MIGON 0X1 SYLVIO REZENDE

LX Torneio Aberto CCB – 21/10/2012 – Recreio – RJ/10

Abertura Irregular*

* A Abertura escolhida por Laucof foge aos padrões das Aberturas tradicionais; por isso decidi classificá-la como irregular.

1.b3,e5; 2.Ba3,c5; *O lance b3 está dentro da ideia das partidas índias. Fianquetar o Bispo em uma ou até nas duas Alas para manter controle do Centro à distância. Em todos estes casos, jogando de Negras ou de Brancas, trato de ocupar o Centro com meus Peões. Já o lance Ba3 me intrigou mais do que surpreendeu, por ser inusitado (pelo menos para mim que jamais tinha visto este movimento no 2º lance). É verdade que não me ocupo muito em ver partidas pela Internet. Pode ser alguma novidade preparada. Pensei logo: a sugestão é trocar os Bispos, mas se eu fizer o que ele propõe, abro mão de meu Bispo sem ter jogado e ele desenvolve o Cavalo. (Repetindo Lasker "se é bom para ele, não é para mim"). Resolvi preservar meu Bispo com reforço do Centro, jogando c5.*

3.Cf3,Cc6; 4.e4,Cf6; 5.Cc3,d5; *Com franca superioridade no Centro, resolvi ir para o ataque na certeza de qualquer que fosse a resposta de Laucof, eu ampliaria meu controle do Centro e com maior desenvolvimento;*

6.exd5,Cxd5; 7.Bc4,Be6; 8.Bb5,Bd6; É um princípio geral nas Aberturas: *evite mover duas vezes seguidas a mesma peça. Ora, se jogou Bc4 para a seguir jogar em b5, por que não jogou logo em b5? Deu chance às Negras desenvolvendo duas peças por uma (o Bispo Branco);*

9.Ca4,0-0; *Aqui, não gostei da pressa em que fiz o Roque, poderia esperar um pouco mais. Não me dei conta do duplo ataque em c5. Teria sido melhor defender o ponto com De7. Também seria melhor para as Brs. o Cavalo atacar c5 via e4 que além de atacar c5, faria pressão no Bispo de d6.*

10.Bxc6,bxc6; 11.Bxc5,Bxc5; 12.Cxc5,Bg4; 13.h3,Bh5; 14.0-0,Cf4; *As Negras perderam seu importante Peão de c5, mas ficaram com melhor desenvolvimento. Agora estão com duas Colunas Abertas para explorar com as Torres e Dama e podem preparar forte ataque com suas peças melhores desenvolvidas com pressão no Roque branco.*

15.Rh2,Dd5; 16.b4, *O lance Dd5 já é o inicio da pressão que será exercida na Ala do Rei. Centralizada, a Dama obriga a defesa do Cavalo mexendo na estrutura dos Peões da Ala da Dama e ameaça e4 ganhando uma peça. Poderia jogar a5 para forçar uma troca que não levaria a nada, a não ser melhorar a estrutura dos Peões brancos. Depois, para que iniciar um ataque na Ala da Dama se o meu alvo está na Ala oposta? Só iria ajudar as Brancas em sua defesa!*

16....,f5; m*ais pressão sobre e4! Abrindo caminho para a Torre entrar em ação.*

17.d3,Tf6; 18.c4,Dd6; *As Brancas seguem o "ritual": se o adversário ataca numa Ala, contra-ataque na outra Ala para desviar a atenção e melhorar a ação de suas próprias peças.*

19.g3,Ce6 *O Cavalo cumpriu sua tarefa! Pressionou o Roque Branco, induzindo o avanço dos Peões para repelir as incômodas peças das Negras, mas assim fazendo, abriu pontos de ataques para o adversário.*

20.g4?,fxg4; *g4 só fez piorar a situação das Brancas. Além de ser inócuo, pois a casa estava vigiada pelo Peão de f5 e expõe perigosamente o Rei podendo perder o Cavalo de f3. Olha lá a diagonal ocupada pelo Rei e a Dama inimiga!*

21.Ce4,Dc7; 22.Cxf6+,gxf6; *Caso típico de relação de valores: o Cavalo era mais importante para as Brancas do que a Torre para as Negras. As Brancas "morderam a isca" trocaram seu valioso Cavalo por uma Torre que era mera coadjuvante no ataque das Negras. Teria sido melhor, renunciar ao ganho efêmero da Torre e jogar Cg3, bloqueando o avanço do Peão, atacando o Bispo incômodo e fechando a Diagonal h2-b8 para a Dama. Repare, enquanto as Negras têm todas as suas peças em ação ou prontas para agir (Torre de a8), as duas Torres e a Dama das Brancas estão assistindo a partida passivamente em suas posições iniciais depois do Roque.*

23.Ch4,e4+? *Fui vítima do "ruído da memória" o lance e4+ desc estava presente em meu plano de ataque. Não percebi o melhor: 23...,g3+ ganhava a Dama;*

24.Rh1,Td8; 25.De2,Cf4; *A Dama não tinha para onde ir. Se ficasse na Coluna, receberia Txd3, se vai para d2, recebe Cf4, para c2 ou b3, novamente o Cavalo por d4.*

26.Dxe4,Txd3; 27.f3,gxh3; 28.Tg1+,Rh8?; 29.Cf5??,Bxf3+ 30. Abd. *Rh8 foi um grave erro das Negras , mas Cf5 foi um erro fatal: o Cavalo não podia sair de h4, era a melhor defesa de f3. O que fariam as Negras sem essa ajuda?*

Mais uma vez a verdade de Karpov:

"Em Xadrez, ganha quem faz o penúltimo erro"

Eu fiz o penúltimo e Laucof que tinha a partida nas mãos, fez o último. Sorte minha!

Veja a seguir, continuações disponíveis para as Brancas.

Posição após 28.Tg1+,Rh8;

7r – p1d4p – 2p2p2 – 7b – 1PP1Dc1C – 3t1P1p – P7 – T5TR

Ex.: 29.Df5, *atacando ao mesmo tempo a Torre, o Cavalo, o Bispo e o Peão de f6 com Xeque. A única defesa possível para as Ngrs é com a Dama que fica sobrecarregada. Tem que manter a defesa do Cavalo e ainda defender o Peão de f6;* qualquer outro lance que não seja com a Dama, perde de imediato. O Cavalo igualmente sobrecarregado defendendo o Bispo, a *Torre e o Peão de h6;* a Torre não pode defender o Peão de f6 porque interfere na defesa do Cavalo. A única tentativa, porém inútil seria com o Bispo:

a) 29....,Bg6 30.Dxf6+,Dg7; 31.Dxf4, ganhando com peça a mais.

b) 29....,Bg6 30.Dxf6+,Rg8; 32.Cxg6,hxg6; 33.Txg6+,Cxg6; 34.Dxg6+,Dg7; (as Brs não podem tomar a Torre com 35.Dxd3 porque as Ngrs ao Mate com Db2++); 35.De8+,Rh7; 36.De4+,Rh8; 37.Tg1 e as Brs vencem.

b.1) 35.De6+,Rh8; 36.Dxh3+,Dh7 (*f*orçado, se 36..., Rg8; 37.Tg1 ganhando a Dama); 37.Dxh7+Rxh7; 38.Rg2, ganhando com a maioria de Peões

c) 29....,Bxf3+; 30.Cxf3,Cg6; 31.Dxf6+,Rg8; 32.Txg6+hxg6; 33.Dxg6+,Dh7; 34.Dxg7+,Rxg7; 35.Ce5,Td6; Rh2 e Brs vencem com peça e Peões a mais.

d) 29....,Bxf3+; 30.Cxf3,Dd6; 31.Dc8+,Dd8; 32.Dxd8+,Txd8; Brs vencem com peça a mais

Ngr estão em Zug – tem que jogar e perde.

- **Partida nº 84**

ANTONIO HOLANDA (TTC) 0x1 SYLVIO REZENDE (CMUN)

XXXIV TORNEIO ABERTO CCB

Recreio RJ/10 - 11/11/2012 – 5ª Rodada

Gambito do Rei

1.e4,e5; 2.f4,exf4 *Após relutar um pouco, Holanda decidiu-se pelo Gambito do Rei. Como sempre faço contra esta linha agressiva, capturei o invasor.*

3.Cf3,g5; 4.h4,g4; 5.Cg5,Ch6 *Tinha duas opções para proteger g5: Ch6 ou d6. Preferi desenvolver o Cavalo, já vislumbrando a casa g3 e também defendendo f7 para o caso de um futuro Bc4 das Brancas. Avançar o Peão estava fora de cogitações, pois abriria a Diagonal para a Dama adversária;*

6.d4,f6; 7.Bxf4,Be7 *Princípio geral dos Gambitos: capture a peça e depois devolva quando convier, mas teria sido melhor, 7....,Tg8;*

8.Ce6,dxe6; 9.Bxh6,f5; *o lance 7...,Tg8 teria evitado a queda de meu Cavalo de h6. O Cavalo Branco não tinha mesmo para onde ir!*

10.g3,Cc6; 11.Bb5,Bd7; 12.exf5,*exf5 Os dois jogávamos com "a faca nos dentes"!*

13.0-0,a6; 14.Bxc6,Bxc6; *Poderia tomar com bxc6 defendendo o Peão de f5, mas ficaria com um Peão dobrado e estrutura de Peões inferior na Ala da Dama onde pretendia rocar. Com Bxc6 perderia um Peão, mas teria o domínio da Diagonal sobre o Roque adversário.*

15.Txf5,Tg8; 16.c4,Bf3; 17.Dd3,Dd6; 18.Bf4,De6; 19.Te5,Dg6; *Confiando no meu par de Bispos contra Bispo e Cavalo, tentei a troca das Damas, mas Holanda não aceitou e estava certo. Iniciava agora, um forte ataque contra meu Rei centralizado;*

20.De3,Tg7; 21.Cc3,Dc2; *Ataca de lá, ataco de cá! Agora não tem jeito, ou troca ou leva Mate!;*

22.Df2,Dxf2+; 23.Rxf2,c6; *Consegui trocar as Damas, salvar meu Peão de C e sem Dama no Tabuleiro não preciso mais me preocupar com o Roque.*

24.Tae1,Rd7; 25.a3,Bf6; 26.Tf5,Bxd4+; 27.Be3,Bxc3; *Me preocupava mais o Cavalo dele jogando em todas as casas do Tabuleiro, que o Bispo dele "cego" para meus Peões em casas Brancas. Além do mais, quebrava a estrutura dos Peões brancos na Ala da Dama que poderia explorar com minhas Torres;*

28.bxc3,Te8; 29.Bg5.Txe1; 30.Rxe1,b6?; *Tinha que errar! Minha estrutura de Peões estava excelente, o correto seria Re6;*

31.Te5,Rd6; 32.Bf4,Rd7; 33.Bg5=,Tf7; *Não aceitei a proposta de empate por achar que estava com melhor jogo e reais condições de vitória.*

34.Rd2,c5; *Quando se tem Bispos de cores opostas e Peões ocupando as casas contrárias ao meu Bispo, fecho Diagonais para o Bispo oposto, amplio o raio de ação de meu Bispo e meu adversário como opção, ficará com os Peões dele – que estão isolados – em casas brancas vulneráveis ao meu;*

35.Re3,Rd6; 36.Bf4,Rd7; 37.a4,Tf6; 38.a5,bxa5? *Errei de novo! O correto, seria Rc6 para proteger c5 do ataque da Torre*;

39.Txc5,Tc6; 40.Txa5,Txc4; 41.Txa6,Te4+, *jogar Txc3+ seria um erro; 41...,Rd4,Tb3; 43.Th6 e cai meu Peão de h7 com a vitória pendendo para as brancas*; 42.Rd3,Te7; 43.c4,Re8; 44.c5??,Be2+ *Holanda estava apuradíssimo no tempo, caso contrário não cometeria este erro;*

Repetindo Karpov: "Em Xadrez, vence quem faz o penúltimo erro"!

45.Rd4,Bxa6; 46.Rd5,Td7+; 47.Rc6, *preocupado com o tempo, parei de anotar mas consegui reproduzir posteriormente o belo final jogado, onde consegui colocar meu Rei na casa de promoção do Peão e ficar com Torre e Bispo livres para jogar e finalmente sacrificar a Torre pelo Bispo adversário vencendo a partida com peça a mais.*

47...,Rd8; 49.Rb6,Bd3; 51.c6,Tf7; 52.c7+Rc8; 53.Be5,Tf1; 54.Bd6?,Tf6; 55.Rc5,Txd6!; 56.Rxd6,Be2; 57.Rc6,Bf3+; 58.Rb6, h5; O Rei é obrigado a afastar-se de seu Peão. 59.Rc5,Rxc7; 60. Abd.

5.4. SOLUÇÕES DO CAPÍTULO V

- **Partida 64: SYLVIO REZENDE 1 X 0 EDSON TACIANO p. 51**

29....,Te8 ameaçando Mate com De2, etc.;
Partida 68: SYLVIO REZENDE x SAULO TINOCO
Posição: Rd5,b4,e5//Rf5,b5,f7 jogam as Brs.
Resposta a: 59.Rd4
Resposta b: 59....,Rf4 *para manter o ganho da Oposição*

Saulo errou e jogou o que eu especulei: 59....,Re6? – aparentemente correto, bloqueia o Peão e aproxima-se do Peão de b5 para uma eventual necessidade de proteção. O que ignorou, foi que em finais de Rei e Peão, na maioria das vezes, o importante é GANHAR A OPOSIÇÃO. As Negras com a oposição garantida, não perderiam a partida. Quando avaliou e jogou errado, permitiu o lance ganhador das Brancas.

Nova questão nº 59 a: Com o lance errado das Negras (59...,Re6?) o que as Brancas devem jogar para ganhar? (Resp. ao final do Cap. V, p. 84).

- **Partida 71: SYLVIO REZENDE 1X0 ROGERIO FELIX CERQUEIRA p.54**

Exercício: Após 17. Dxg7, o que as Negras poderiam fazer? p.56

Posição: t2dt3 – pp2rpD1 – 2pb4 – c3p1C1 – 3P4 – 8 – PPc2PPP – TCB2TR1 (13x12)

a) Mover o Bispo, b) Tf8, c) Rd7 d) Dd7

a) 17.**Dxg7**,Move o **Bispo**; 18.Dxf7+,Rd6; 19.Ce4++

b) 17.**Dxg7**,**Tf8**: 18.dxe5,Bc7 (*Bb4 ou Bc5 são ruins para as Ngr*); 19.Ce4!,Re8; (se 19...,Rd7; 20.Td1+ etc); 20.Bg5,Dd4; 21.Cf6+,Re7; 22.Ch7+ds,Re6; 23.Df6+,Rd7; 24.De7+,Rc8; 25.Dxf8+,Bd8; 26.Bxd8 *ameaça Bb6+ds ganhando a Dama.*

26...,Dxd8; 27.Dxd8+,Rxd8; 28.Ca3!,Cxa3; *(se 28...,Cxa1; 29.b4! ganhando o Cavalo de a5)* 29.bxa3,Cc4; 30.Tab1,Rc7; 31.f4 e as Brs vencem com peça e Peões a mais.

b.1) 20.Cf6+,Re7; 21.Bg5,Re6 (forçado); 22.Ch7,De8; 23.Df6+, Rd7; 24.Cxf8+,Rc8; (se 24...,Dxf8?; 25.Df5+) 25.Df5+,Rb8; 26.Cd7+,Rc8; 27.Cf6+ds ganhando a Dama

b.2) 19.Ce4,Re6; 20.Bg5,Dd4; 21.Df6+,Rd5; 22.Cc3+,Rc4; 23.Tad1,Db6; 24.Cd2+,Rb4 *se Rc5; 25.Be3+ e cai a Dama*; 25.Df4+,Cd4; 26.a3+,Rc5; 27.Be7+,Bd6; 28.Bxd6++

b.3) 23.Df6+,Rd5; 24.Cbc3+,Rc4; 25.Cxf8,Txf8; 26.Tac1,Bxe5; 27.De7,Bd6; 28.De2+,Rb4; 29.a3+,Rb3; 30.Dxc2+.Rc4; 31.Ce2+desc

ganhando a Dama e vencendo com facilidade;

c) **17.Dxg7,Rd7**; 18.dxe5,Bxe5; *19.Td1+,Bd4; 20.Dxf7+,Te7; 21.Df5+,Rc7; 22.Bf4+,Rb6; 23.Dxc2; as Brs vencem com peça a mais e maioria de Peões.*

c.1) 19.Dxf7+,Te7; 20.Td1+,Bd6; 21.Df5+,R move; 22.Dxc2; e Brs vencem com peça a mais e três peões passados e apoiados na Ala do Rei.

c.2) 21.Df5+,Re8; 22.Dxc2,Db6; 23.Cf3,c5; 24.Cc3,Td7; *(se 24...,Tad8; 25.Bg5 ganhando a qualidade)* 25.Te1+,Rd8; 26.Cxd4,cxd4; 27.Bg5+,Rc8; 28.Te8+,Td8; 29.Cd5+ds,Dc6 (forçado); 30.Ce7+!,Rc7; 31.Cxc6,Cxc6; 32.Bxd8+,Txd8; 33.Txd8,Rxd8; 34.Dxc6+,bxc6 a Dama estava sobrando, então troca pela única peça restante das Ngrs vencendo com facilidade com a Torre e Peões a mais.

d) 17....,Dd7; 18.Cxf7,Dc7; se 18...,De6; 19.Cg5+ds ganhando a Dama; 19.Cxd6+ds,Rxd6; 20.dxe5+,Txe5; 21.Td1+,Td5; se o Rei move, cai a Dama; 22.Txd5+,cxd5; 23.Bf4+ ganhando a Dama e vencendo.

d.1) 18.Cxf7,Tg8; 19.Bg5+,Re6; 20.Df6+,Rd5; 21.Cc3+,Rc4 (*se Rxd4; 22.Tad1+, liberando e desenvolvendo a Torre atacada;)*

22.Cxd6+,Rb4; impedido de entrar na Coluna e, os lances do Rei são forçados.

*23.dx*e5, 23...,Taf8; *as brs estão com peça a mais, então:* 24.De7,Dg4; *a troca não interessa às Ngrs, que tentam contra jogo.*) 25.Cxb7+ ds,Rc4; 26.Cxa5+,Rd3; 27.Tad1+,Dxd1; 28.Td1++

Como vimos, as Brancas venceriam em todas as respostas, mas a custa de muitos lances e qualquer descuido seria fatal; era preferível como decidi fazer: Seguir a recomendação de Steinitz capturando o Cavalo de c2.

- **Partida nº 69**

GUILHERME CALMBACH 0 x 1 SYLVIO REZENDE p. 57

POSIÇÃO: 8 – 1Pr5 – 1t3b2 – T2p1P2 – 3p2R1 – C2cp2P – 7P – 8

Após 35.Ta5,Ce5+; 36.Rg3,d3; 37.Txd5,e2; 38.Rf2,Bh4+ e a seguir promove o Peão ganhando mais rápido.

- **Partida nº 70**

GUILHERME CALMBACH 0 x 1 SYLVIO REZENDE p.58

Variantes em troca do sacrifício da Torre após 9.De5.

POSIÇÃO: tcbdrb1t– pp2p2p– 2p3p1– 3pD3– 5P2– 1B6– PPPP2pP– TCB1R1T1

9.De5,e6; 10.Dxh8,Dh4+; 11.Re2 (Se 11.Rd1,Df2 e não haveria como as Brs evitarem o Mate). Uma continuação possível: 11...,Dxh2; 12.Rf2,Dxf4+; 13.Rxg2,e5; 14.d3,Dg4+; 15.Rf2,Dh4+; 16.Rf1,Bh3+; é necessário um ataque que agilize o Grande Roque para tirar o Rei das Negras da incômoda centralização imobilizando seu Bispo; 17.Re2,Bg4+; 18.Re3,d4+ (O Rei não pode mais jogar na Fila 2 por Dh2+ e cai a Torre); 19.Re4,Be2+ds; 20.Rxe5,Cd7+; 21.Re6,Dd7++

- **Partida nº 73**

ROBERTO PACHECO 0 x 1 SYLVIO REZENDE p. 69

Alternativas para as Brs: no caso de 29....f5;

POSIÇÃO após 29.Td3,: 3t4- pp3pr1- 1d1t2pp- 2p1p2P- 3cP1B1- PcDT2P1- 1P3P1C- 3T2R1

a) 29....,f5; 30.exf5,gxf5; 31.Bf3,e4; 32.Txd4,Cxd4; 33.Be2,Rh7; Bc4 e as Brs. Conseguem contra jogo com o sacrifício da Torre pelo forte Cavalo em d4, embora as Ngrs estejam melhores. .
b) 29...,f5; 30.exf5,gxf5; 31.De1,e4; 32.Bxf5,Cxf5; 33.Txd6,Cxd6; 34.Dc3+,Cd4; 35.Td2 As Brs conseguem contra jogo com o sacrifício do Bispo, embora as Ngrs estejam melhores. Mas com muitas análises a fazer, a segurança sempre é preferível ao risco incerto.

- **Partida nº 82**

XERXES BATALHA 0 x 1 SYLVIO REZENDE p.75

POSIÇÃO: tc1t2r1- ppp2ppp- 8- 2b1p3- 2P1P2d- 3PB1C1- PP3RPP- T2D1T2

*Justificativa para 16...,Df5+ 17.Re1,Dxe3+ 18.De2,(se 18.Ce2,Bb4+ ganhando a Dama)18...,Be4+ 19.Rd1,Txd3+ 20.Rc2,Td2+ ganhando a Dama.

*Para 23.De2,Txd3+; 2.Rg4,Te2; 24.Df3, ameaça ++2 mas, 24...,Dg6+ 25.Rh4,f6; 26.Tad1,Dg5+; 27.Rh3,T8d3; 28.Dxd3,Dxg2+; 29.Rh4,g5+: 30.Rh5,Dxh2+; 31.Rg4,Txd3; 32.Txd3,Dg2+; a seguir, cai a Torre de f1 e as Ngrs não terão dificuldades em vencer.

5.5. SOLUÇÃO FINAL DO CAPÍTULO IV

SYLVIO REZENDE X SAULO TINOCO

Após o lance errado das Negras 59...Re6? as Brancas vencem com 60.Re4, recuperando a Oposição e ganhando.

Vejamos:

- 60.Re4,Re7; 61.Rd5,Rd7; 62.Rc5,Re6; 63.Rxb5,Rxe5; 64.Rc6,f5; *Repare a situação peculiar: O Rei das Negras, com a captura de e5, ficou em casa da Diagonal de promoção do Peão branco; este detalhe será crucial para a partida;*
- 65.b5.f4; 66.b6,f3; 67.b7,f2; 68.b8D+ ganhando. As Ngrs não têm como impedir a captura de seu Peão. Como se costuma brincar..."morreu na praia".
- Bastará para as Brs, após o lance natural 68...,Re4; 69.Db1+,Rei move; 70.Df1 e a seguir aproximar seu Rei de f2 para capturar o Peão com a Dama.

ATENÇÃO: O Peão de f2 **tem que ser capturado com a Dama.** Se o Rei preto tiver jogado em h2 com a Dama em f1, capturando f2 com o Rei, será empate por Rei Afogado!

CAPÍTULO 6 – PARTIDAS MAGISTRAIS

- **Partida nº 85**

ANDERSSEN 1x0 KIESERITZKY

Londres, 1851

A "IMORTAL"

Gambito do Rei

Assim denominada em sua época e ainda conhecida até os dias atuais pela beleza de seus seguidos sacrifícios. Embora, análises modernas tenham descoberto falhas que não desmerecem a sua identificação como IMORTAL; em reconhecimento à genialidade de Anderssen.

Adolf Anderssen era um dos melhores jogadores de sua época e foi considerado por muitos o Campeão Mundial de Xadrez depois de vencer o Campeonato de Londres em 1851.

1.e4,e5; 2.f4,exf4; 3.Bc4,Dh4+; 4.Rf1,b5; 5.Bxb5,Cf6; 6.Cf3,Dh6; 7.d3,Ch5; 8.Ch4,Dg5; 9.Cf5,c6. *Observe: As Brs estão com uma estrutura superior de peões, controle do Centro e melhor desenvolvimento de peças; estão melhores.*

10.Tg1!,cxb5; *Andersen sacrificou um Bispo? Em troca de que? Procure descobrir antes de ver a continuação.*

11.g4,Cf6; 12.h4,Dg6; 13.h5,Dg5; *a Dama está enclausurada, não tem alternativas.*

14.Df3,Cg8; 15.Bxf4,Df6; *seria preferível retornar a Dama para d8, mas o Peão de b2 é tentador*! 16.Cc3,Bc5; *era preferível Bb7;*

17.Cd5,Dxb2; 18.Bd6!!,Dxa1+ *mais um belo sacrifício!* 19.Re2,Bxg1? 20.e5,Ca6? *O Rei das Ngrs, está sob ataque de Cavalos e Bispo, mais a Dama apoiando perigosamente por trás. Para proteger a entrada do Cavalo em c7, bastava voltar com o Bispo para b6. Seria melhor abrir espaço para o Rei com f6.*

21.Cxg7+,Rd8; 22.Df6+Cxf6; Be7++

Belíssimo Mate após sacrifício do Bispo e das duas Torres e Dama. Somente a genialidade de Anderssen para conceber esta pérola de final.

- **Partida nº 86**

ANDERSSEN 1x0 DUFRESNE

Berlim, 1853

A "SEMPRE VIVA"

Denominada por Steinitz e ainda assim conhecida até os dias atuais.

À semelhança da «Partida Imortal", a partida "Sempre Viva" foi disputada informalmente. Sua riqueza de combinações e brilhantismo de seus lances são incomparáveis e altamente instrutivas pelas sutilezas de ataque que a tornam merecidamente, mais uma imortal de Anderssen e permanecendo SEMPRE VIVA na história enxadrística.

Abertura Italiana – Gambito Evans

1.e4,e5; 2.Cf3,Cc6; 3.Bc4,Bc5; **4.b4**,Bxb4; *O Gambito Evans, é uma das linhas da Abertura Italiana. Bastante popular no século 19 e ainda jogado ocasionalmente.* 5.c3,Ba5; 6.d4,exd4; 7.0-0,d3; 8.Db3,Df6; 9.e5,Dg6; 10.Te1,Cge7; 11.Ba3,b5; 12.Dxb5,Tb8; 13.Da4,Bb6; 14.Cbd2,Bb7; 15.Ce4,Df5; 16.Bxd3,Dh5; 17.Cf6+!,gxf6; 18.exf6,Tg8; 19.Tad1!,Dxf3 *ameaçando Mate em um, mas...*

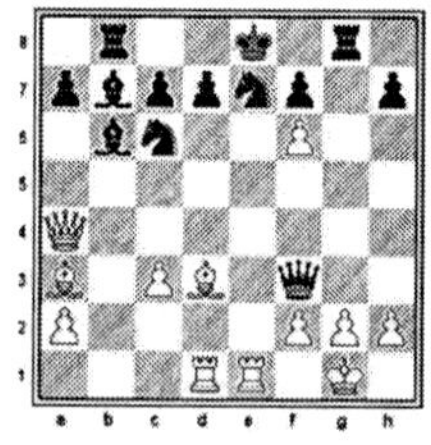

20.Txe7+,Cxe7; 21.Dxd7+,Rxd7;

Anderssen sacrifica uma Torre e a seguir sua Dama? Procure explicar antes de ver a continuação em soluções ao final do Capítulo VI.

- **Partida nº 87**

CALDAS VIANNA 1X0 A. SILVESTRE

Rio de Janeiro, 1900

Abertura Italiana – Gambito Evans

"IMORTAL BRASILEIRA"

1.e4,e5; 2.Cf3,Cc6; 3.Bc4,Bc5; 4.b4,Bxb4; 5.c3,Ba5; 6.d4,exd4; 7.0-0,d6; 8.Db3,Df6; 9.e5,dxe5; 10.Te1,Bd7; 11.Bg5,Df5; 12.Cxe5,Cxe5; 13.f4,f6; 14.Dxb7,Td8; 15.fxe5,fxg5; 16.Tf1,Dxe5; 17.Cd2,Ce7; 18.Tae1,Dc5; 19.Bf7+,Rf8; 20.Bg6+,Bf5; 21.Bxf5,Cxf5; 22.Ce4,Db6; 23.Txf5+,Rg8; *Roberto Grau: "Neste momento as Brancas acharam um lance notável de problema, que cria inúmeras dificuldades às Negras" – procure descobrir antes de prosseguir na partida;*

24.Cd6!!, dxc3+; 25.Rh1,h6; 26.Dd5+,Rh7; 27.De4+,Rg8; 28.De6+,Rh7; 29.Tf6,Thf8; 30.Df5+,Rg8; 31.Txf8+,Txf8; 32.Dxf8+,Rxf8; 33.Te8++

Se 32...,Rh7; 33.Df5+,g6; 34.Df7+,Rh8; 35.Te8++ apenas retardava o final. Útil apenas se as Brs estivessem em extremo apuro de tempo.

Exercício: Analise a razão das Negras em resposta a 24.Cd6, não capturarem o Cavalo nem pelo Peão nem pela Torre ou Dama e porque não convém às Negras, trocar as Damas;

- **Partida nº 88**

PAUL MORPHY 1x0 DUQUE DE BRUNSWICK e CONDE ISOUARD

Paris, 1858

Defesa Phillidor

Partida jogada no camarote do Duque de Brunswick na Ópera de Paris, durante a representação de "O Barbeiro de Sevilha".

1.e4,e5; 2.Cf3,**d6**; 3.d4,Bg4? *Perda de tempo. É mais recomendável desenvolver o Cavalo do Rei em contra-ataque com 3...,Cf6;*

4.dxe5,Bxf3; 5.Dxf3,dxe5; 6.Bc4,Cf6? *Esta defesa do Cavalo é recomendada na tentativa do Mate Pastor, mas não depois do Bispo de c8 ter sido trocado prematuramente;* 7.Db3,De7; 8.Cc3,c6; (*se 8.Bxf7+,Dxf7; 9.Dxb7 ganhando a qualidade, mas seria muito pueril para a genialidade de Morphy. Como teria dito Lasker: "seria um método de açougueiro e não de um artista." É claro que também não pode 8.Dxb7 porque 8...,Db4+; 9.Dxb4,Bxb4+ e as Bras jogariam fora seu ataque).*

9.Bg5,b5?; 10.Cxb5!,cxb5; 11.Bxb5+,Cbd7; 12.0-0-0,Td8; 13.Txd7!,Txd7; 14.Td1,De6; 15.Bxd7+,Cxd7; 16.Db8+,Cxb8; 17.Td8++

Tivemos nesta partida bons exemplos do valor relativo das peças: no lance 10, Morphy sacrificou o Cavalo (=3) por Peão (=1); no lance 13, uma Torre (=5) por um Cavalo (=3) e finalmente a Dama (=9) para dar Mate.

É estudando as partidas dos Grandes Mestres de Xadrez de todas as épocas, que constantemente vemos sacrifícios desse tipo. Podemos aprender muito com eles.

- **Partida nº 89**

ZUKERTORT 1x0 BLACKBURNE

Londres,1883

Abertura Inglesa

1.c4,e6; 2.e3,Cf6; 3.Cf3,b6; 4.Be2,Bb7; 5.0-0,d5; 6.d4,Bd6; 7.Cc3,0-0; 8.b3,Cbd7; 9.Bb2,De7; 10.Cb5!,Ce4; *o objetivo de Cb5* é *trocar pelo forte Bispo preto com atuação direta no Roque das Brancas!*

11.Cxd6,cxd6; 12.Cd2,C7f6; 13.f3,Cxd2; 14.Dxd2,dxc4; 15.Bxc4,d5; 16.Bd3,Tfc8; 17.Tae1!,Tc7; *as Negras posicionam suas Torres na Coluna c fortemente protegida pelos Bispos brancos, enquanto Zukertort prepara seu ataque na Ala do Rei explorando seu maior domínio do Centro.*

18.e4,Tac8; 19.e5,Ce8; 20.f4,g6; 21.Te3!,f5; 22.exf6 ep,Cxf6; 23.f5!,Ce4; 24.Bxe4,dxe4; 25.fxg6!,Tc2; 26.gxh7+,Rh8; 27.d5+desc!,e5; 28.Db4!! *quanto vale uma Dama? Zukertort em lance brilhante, possivelmente, planejado vários lances antes, entrega sua Dama "de graça" explorando a Dama preta sobrecarregada na defesa do Peão central;*

28..,T8c5; 29.Tf8+!,Rxh7; 30.Dxe4+,Rg7; 31.Bxe5+,Rxf8; 32.Bg7+,Rg8; 33.Dxe7,Abd.

EXERCÍCIOS: (Resp. em Soluções do CAPÍTULO Vp. 90)

I. Procure explicar porque as Negras não capturaram a Dama com 28...,Dxb4;

II. E por que também não capturou a Torre com 29...,Dxf8?

- **Partida nº 90**

STEINITZ 1x0 BARDELEBEN

Hastings, 1895

Abertura Italiana – Giuoco Piano

1.e4,e5; 2.Cf3,Cc6; **3.Bc4,Bc5**; 4.c3,Cf6; 5.d4,exd4; 6.cxd4,Bb4+; 7.Cc3,d5; 8.exd5,Cxd5; 9.0-0,Be6; 10.Bg5!,Be7; 11.Bxd5,Bxd5; 12.Cxd5,Dxd5; 13.Bxe7,Cxe7; 14.Te1,f6; 15.De2,Dd7; 16.Tac1,c6? *Melhor seria Rd8. Defenderia o Peão e liberava o Cavalo da cravada, além de tirar o Rei da incômoda Coluna e.*

17.d5!,cxd5; *o obstáculo que o Peão branco fazia para o ataque das Brancas, agora passou para o Peão preto permitindo manobras do Cavalo visando e6.*

18.Cd4,Rf7;19.Ce6!,Thc8; 20.Dg4!,g6;21.Cg5+,Re8; 22.Txe7+,Rf8; 23.Tf7+,Rg8; 24.Tg7+, Abd.

Caso não abandonassem, poderíamos ter o seguinte final:

a) 24...,Rh8; 25.Txh7+,Rg8; 26.Tg7+,Rf8; 27.Tf7+,Dxf7; 28.Txc8+,Txc8; (*se 27...,Re8; 28.Te1+,Rd8; 29.Dxd7++*)

29.Dxc8+,Dd8; 30.Ch7+,Rf7; 31.Dxd8+,Rxd8; 32.Cxf6+,Rei move; 33.Cxe5 etc.

b) 24...,Rh8; 25.Txh7+,Rg8; 26.Tg7+,Rh8; 27.Dh4+,Rxg7; 28.Dh7+,Rf8; 29.Dh8+,Re7; 30.Dg7+,Re8; 31.Dg8+,Re7; 32.Df7+,Rd8; 33.Df8+,De8; 34.Cf7+,Rd7; 35.Dd6++

Estes dois exemplos de possíveis finais , fiz com o objetivo de demonstrar que mesmo com a ameaça de mate em um, as Brs levaram a partida com xeques sucessivos com respostas forçadas e através da harmonia de suas peças finalizar com mate.

EXERCÍCIO:

---

a) Por que as Ngrs não capturaram a Torre de e7?

- **Partida nº 91**

ED.LASKER x THOMAS

Londres, 1912

Defesa Holandesa

1.d4,e6; 2.Cf3,**f5**; 3.Cc3,Cf6; 4.Bg5,Be7; 5.Bxf6,Bxf6; 6.e4,fxe4? *Além de perder a pressão sobre o Centro (e4), vai permitir as Brs,* *um lance de desenvolvimento e ataque ao Bispo de f6. Seria melhor manter a pressão com d6;*

7.Cxe4,b6; 8.Ce5, *percebe-se a falta de d6!*

8...,0-0; 9.Bd3,Bb7? *O Bispo branco já se posicionou na Diagonal do Roque, a ameaça imediata é a Dama apontar para o mesmo alvo. Era necessário 9...,De8; as Negras ao que parece, incorreram no erro de se fixar em sua linha prévia de defesa com o fianqueto do Bispo e esqueceu de fazer a célebre pergunta: O que meu adversário pretende?*

10.Dh5!,De7 *aqui, outro principiante também pensa: "Jogo Cxf6+, ele toma meu Cavalo com a Torre ou a Dama e eu dou Mate com Dxh7!" Bem, se ele também não fizer a outra pergunta: "E se ele não fizer?" executando o lance pensado, vai ter a surpresa de gxf6 (e não D ou T) e seu ataque desmoronando. Mas quem estava de Brancas era Ed. Lasker e executa o primeiro lance da brilhante manobra que torna esta partida uma verdadeira imortal!*

11.Dxh7+!!,Rxh7 *forçado! Agora começa a incrível caminhada do Rei por todo o Tabuleiro conduzido pela harmonia das peças brancas em perfeita coordenação de movimentos.*

12.Cxf6+dpl,Rh6 *se voltar, leva Mate com Cg6;*

13.Ceg4+,Rg5;14.h4+,Rf4;15.g3+,Rf3; 16.Be2+,Rg2; 17.Ta2+,Rg1

18.Rd2++ ou 18.0-0-0+

Aqui temos um questionamento: Alguns autores como Idel Becker indicam 18.Rd2++ outros como Luiz Cabrerizo indicam 0-0-0++

A questão é:

Luiz Cabrerizo em seu Manual de Xadrez 7ª Ed. Brasil Editora, S.Paulo (1ª edição em 1937) afirma: 18.0-0-0++

("... Nós, porém, tiramos a partida, tal como a publicamos, de revistas estrangeiras de mais de 30 anos atrás.

...

Se nossa palavra não bastasse, ainda teríamos a palavra do grande mestre Ludek Pachman, que no seu livro "Tática moderna em Ajedrez" da coleção Escaques, da Ed. Grijalbo S/A. Barcelona. ..., dizendo:

"Ed.Lasker ganó llevando a buen término un*a espectacular combinación .... su casilla 8cR ..." e finaliza dizendo ... "espetacular 0-0-0 que o Rei preto sucumbe!"")*

NOTA: *Na época foi usada a anotação descritiva:* ***8cR*** *(8 do Cavalo do Rei das Negras) significando em algébrico, a casa* ***g1***

Já, Idel Becker, em seu Manual de Xadrez 2ª Ed: Bestseller, S.Paulo, 1965 (1ª edição em 1948), contradiz: 18.Rd2++

"É claro que 0-0-0 também é mate. Mas não foi essa a jogada escolhida por Edward Lasker ..."

"É discutível, diz o erudito J. Du *Mont, que o mate de roque seja mais atraente que o lance do texto. Mas, talvez, como há pelo menos duas partidas conhecidas que finalizam com mate de roque, isso poderia ter decidido a escolha das brancas."*

(Ver partida nº 8 – Um exemplo de Morphy, p.29)

De acordo com Idel Becker, as duas partidas com Mate de Roque referidas por J. Du Mont foram ganhas uma por Morphy e outra por Emanuel Lasker, esta, com exceção do lance final, idêntica à partida entre Ed. Lasker x Thomas.

Deixaremos para o leitor escolher. Particularmente, acho que a beleza maior desta partida é a extraordinária beleza da combinação com tantos lances a frente realizada por Ed. Lasker, pois, qualquer deslize em sua análise e fatalmente perderia a partida com Dama a menos.

- **Partida nº 92**

SÄMISCH 0x1 NIMZOVITCH

Defesa Índia da Dama

1.d4,Cf6; 2.c4,e6; 3.Cf3,b6; 4.g3,Bb7; 5.Bg2,Be7; 6.Cc3,0-0; 7.0-0,d5; 8.Ce5,c6; 9.cxd5?,cxd5; *a simplificação favorece as Negras.*

10.Bf4,a6; 11.Tc1,b5; 12.Db3? *Perda de tempo! A Dama não tem nada que fazer por aí.*

12...,Cc6; 13.Cxc6,Bxc6; 14.h3,Dd7; 15.Rh2,Ch5; 16.Bd2,f5! *A Dama branca está inerte na Ala da Dama e toda a estratégia das Brancas parece confiar na Coluna c aberta, porém a estrutura defensiva das Negras é sólida. Inicia, então, com f5 o ataque na Ala do Rei;*

17.Dd1,b4! *Admitindo o erro, traz a Dama de volta, do que Nimzovitch se aproveita para atacar também, na Ala da Dama.*

18.Cb1,Bb5; 19.Tg1,Bd6!; 20.e4?,fxe4!!; *com novo erro das Brancas, as Negras têm agora a sua Coluna aberta sobre o roque adversário. Sacrifica o Cavalo, em troca de 2 Peões a mais e domínio da 7ª Fila .*

21.Dxh5,Txf2; 22.Dg5,Taf8; 23.Rh1,T8f5; 24.De3,Bd3! 25.Tce1,h6!!! As Brancas ficam em zugzwang (obrigação de jogar quando não convém – tem que jogar e perde);

26. As Brs abandonam. Nada mais podem fazer.

Exercício: Procure quais lances as Brancas poderiam fazer e consequentes lances das Negras.

- **Partida nº 93**

GLUCKSBERG 0 x 1 NAJDORF
Varsóvia, 1935
Defesa Holandesa
"Imortal Polonesa"

1.d4,f5; 2.c4,Cf6; 3.Cc3,e6; 4.Cf3,d5; 5.e3?,c6; *para as Brancas, era preferível g3 para desenvolver o Bispo pela Diagonal h1-a8;*

6.Bd3,Bd6; 7.0-0,0-0; 8.Ce2,Cbd7; 9.Cg5? *Novo erro. O que pretende com o Cavalo?*

9...,Bxh2+; 10.Rh1,Cg4!; *se 10.Rxh2,Cg4+ recuperando a peça;*

11.f4,De8; 12.g3,Dh5; 13.Rg2,Bg1!; 14.Cxg1,Dh2+;15.Rf3,e5!!; 16.dxe5,C7xe5+; 17.fxe5,Cxe5+; 18.Rf4,Cg6+; 19.Rf3,f4!; 20.exf4,Bg4+!!; 21.Rxg4,Ce5+; 22.fxe5,h5++

Najdorf nos brinda com magnífica combinação! Sacrifica 3 peças de seu ataque – 2 Bispos e 1 Cavalo – para dar Mate! Ironicamente, com o Peão alvo do ataque de Bispo e Cavalo brancos.

6.1. SOLUÇÃO DE PARTIDAS MAGISTRAIS - I

CALDAS VIANNA 1X0 A. SILVESTRE p.84

a) Se 24...;Dxb7, 25.Cxb7 e a seguir ganham uma peça

b) Se 24...,Txd6; 25.Te8++

c) Se 24...,cxd6; 25.Dd5 ou Df7++

d) Se 24...,Dxd6; 25.Db3+,Dd5; 26.Dxd5+,Txd5; 27.Te8++

6.2. PARTIDAS MAGISTRAIS II

- **Partida nº 94**

RESHEVSKY 1 x 0 VASCONCELLOS
Boston,1944
Defesa Francesa

1.e4,e6; 2.d4,d5; 3.e5,c5; 4.dxc5,Cd7; 5.Cf3,Bxc5; 6.Bd3,Ce7; 7.0-0,Cc6; 8.Bf4,Dc7; 9.Cc3,a6; 10.Te1,Db6; 11.Bg3,Dxb2?; é *costume chamar este Peão de "Peão envenenado." A captura dele só irá beneficiar as Brancas com a Coluna aberta para a Torre*; 12.Cxd5,exd5; 13.Tb1,Da3; 14.e6!,Cf6; 15.exf7+dup,Rxf7; 16.Bh4,Cb4? *Abriu o caminho para o Cavalo branco;* 17.Ce5+,Rf8; 18.Bxf6,Cxd3; 19.Bxg7+,Rxg7; 20.Txb7+,Be7; *não pode capturar a Torre, porque Dg4+, e com a Dama Cavalo e a Torre dominando a Coluna e do Rei aberta, as Negras não teriam como resistir ao ataque.*

21.Dh5!,Tf8; 22.Dg5+,Rh8; 23.Cg6+!,hxg6; 24.Dh6+,Rg8; 25.Dxg6+,Rh8; 26.Tbxe7, Abd. *Não há como evitar o Mate*

- **Partida nº 95**

FINE 1 x 0 STEINER
Hollyood, 1945
Gambito da Dama

1.d4,d5; 2.c4,dxc4; 3.Cf3,Cf6; 4.e3,e6; 5.Bxc4,c5; 6.0-0,a6; 7.De2,b5; 8.Bb3,Bb7; 9.a4,c4; 10.Bc2,Cc6; 11.axb5,axb5; 12.Txa8,Dxa8; 13.Cc3,Da5; 14.e4,Cd7; 15.d5,Cd8; 16.Cd4!,b4; 17.C3b5!,e5 *as Brs sacrificam o Cavalo em troca de ataque;* 18.Dxc4,exd4;19.Cc7+,Re7; 20.e5!,Cxe5; *as Brs ameaçavam Mate;*

21.Te1,f6; 22.d6+!!,Rxd6; 23.Cb5+,Dxb5;24.Dxb5,Rc7; 25.Da5+, Abd

EXERCÍCIOS:

a) O que aconteceria se em vez de 23....,Dxb5 as Negras jogassem Re7?

b) E se em vez de Re7 jogassem 23...,Rd7?

- **Partida nº 96**

SMISLOV 1 x 0 BOTVINNIK
Moscou, 1957
"Match" pelo Título Mundial

Defesa Grunfeld

1.d4,Cf6; 2.c4,g6; 3.Cc3,d5; 4.Cf3,Bg7; 5.Db3,dxc4; 6.Dxc4,0-0; 7.e4,Bg4; 8.Be3,Cfd7; 9.0-0-0,Cc6; 10.h3,Bxf3; 11.gxf3,Cb6; 12.Dc5,f5; 13.Ce2,Dd6; 14.e5,Dxc5+ 15.dxc5,Cc4; 16.f4,Tfd8; 17.Bg2,Cxe3; 18.fxe3,Cb4; 19.Bxb7,Tab8; 20.c6,Rf7; 21.Cd4,e6; 22.Cb5,Cd5; 23.Txd5!,exd5; 24.Cxc7,Tdc8; 25.Bxc8,Txc8; 26.Cxd5,Txc6+; 27.Rd2,Re6; 28.Cc3, Abd.

As Brs têm superioridade de Peões nas duas Alas. O Cavalo nas condições atuais é superior ao Bispo. Bastará para as Brs forçarem a troca das peças e ganhar em qualquer das Alas.

- **Partida nº 97**

BOBOTSOV 0 X 1 TAHL

Def. Índia do Rei

1.d4,Cf6; 2.c4,g6; Cc3,Bg7; 4.e4,d6; 5.f3,0-0; 6.Cge2,c5; 7.Be3,Cbd7; 8.Dd2,a6; 9.0-0-0,Da5; 10.Rb1,b5; 11.Cd5,Cxd5!! *Sacrificar a Dama no 11º lance por duas peças menores? Só mesmo Tahl! Por isso a verdade do trocadilho: "Tahl era o tal!".*

12.Dxa5,Cxe3; 13.Tc1,Cxc4; 14.Txc4,bxc4; 15.Cc1,Tb8; 16.Bxc4,Cb6; 17.Bb3,Bxd4; 18.Dd2,Bg7!; 19.Ce2,c4; 20.Bc2,c3! 21.Dd3,cxb2; 22.Cd4,Bd7; 23.Bd1,Tfc8; 24.Bb3,Ca4!; 25.Bxa4,Bxa4; 26.Cb3,Tc3; 27.Dxa6,Bxb3; 28.axb3,Tbc8; 29.Da3,Tc1+; 30.Txc1,Txc1+; 31. Abd.

O próximo lance das Negras é Mate.

Tahl nos dá uma brilhante demonstração nesta partida sobre a relatividade do valor das peças, sacrificando sua Dama no 11º lance por Bispo e seu Cavalo ganhando brilhantemente de nada mais nada menos que um Grande Mestre da envergadura de Bobotsov. Posteriormente, quando perguntado sobre o sacrifício, disse que não tinha qualquer plano de ataque, apenas considerou que a Dama adversária estava em posição de inatividade e o sacrifício iria abrir linhas de ataque para suas peças.

- **Partida nº 98**

PETROSIAN 1 x 0 NIELSEN
Copenhaguen, 1960
Defesa Holandesa

1.d4,f5; 2.Bg5,g6; 3.Cd2,Bg7; 4.c3,Cf6; 5.e3,d6; 6.Cgf3,Cc6; 7.Db3,h6; 8.Bxf6,Bxf6; 9.e4,e5; 10.Bb5,Rf8; 11.Bxc6,bxc6; 12.dxe5,dxe5; 13.Da4,Dd6; 14.Cb3,Bd7; 15.Td1,De7; 16.Cc5!,Be8; 17.b4! *O Cavalo fica firme na posição e será um grande problema para as Negras.*

17...,Rg7; 18.0-0,Tf8; 19.Da6!,fxe4; 20.Cd2,e3; 21.C2e4,exf2+; 22.Txf2,Bg5; 23.Txf8,Rxf8; 24.Cxg5,hxg5; 25.Db7!,Abd. *A Torre ficou sem casa para jogar:* Se 25....,Td8; 26.Txd8,Dxd8; 27.Ce6+dpl ganhando a Dama.

- **Partida nº 99**

KARPOV 1x0 KASPAROV
Lyon (França), 1990
"Match" pelo Título Mundial – 23ª partida
Defesa Índia do Rei

1.d4,Cf6; 2.c4,g6; 3.Cc3,Bg7; 4.e4,d6; 5.f3,0-0; 6.Be3,e5; 7.d5,Ch5; 8.Dd2,Dh4+; 9.g3,De7; 10.0-0-0,f5; 11.exf5,gxf5; 12.Ch3,Ca6; 13.Tg1,Cf6; 14.Cf2,Rh8; 15.Be2,Bd7; 16.Bg5,Cc5; 17.g4!,e4; 18.fxe4,fxe4; 19.Be3,Ca4; 20.g5!,Cxc3; 21.bxc3,Cg8; 22.Cg4,c5; 23.dxc6 ep,Bxc6; 24.h4,d5; 25.cxd5,Bxd5; 26.Dxd5,Tac8; 27.Dd6,Txc3+; 28.Rb1,Df7; 29.Bd4, Abd.

Ver continuações possíveis com vitória das Brs em soluções: p. 92

- **Partida nº 100**

SPASSKI 1x0 AVERBACH
Moscou, 1965
22º Campeonato Soviético
Gambito do Rei

1.e4,e5; 2.f4,exf4; 3.Cf3,Ce7; 4.Bc4,d5; 5.exd5,Cxd5; 6.0-0,Be7; 7.d4,c6; 8.Cc3,0-0; 9.Ce5!,Be6; 10.Bxf4,f6; 11.Bxd5,cxd5; 12.Cd3,Bf7; 13.Dg4!,Rh8; 14.Bxb8!,Txb8; 15.Tae1,Te8? *As Negras estão com dificuldades; mas Bd6 pareceria melhor.*

16.Ce5! *Entrega o Cavalo pelo Bispo em f7. As Negras recusam.*

16...,Tf8? *Melhor seria Bg8.*

17.Cxf7+,Txf7; 18.De6,Rg8; 19.Cxd5,Bf8; 20.Te4!,Bd6; 21.c4,b6; 22.b4,Df8; 23.c5,bxc5; 24.bxc5,Bxc5; 25.dxc5,Dxc5+; 26.Rh1,Td8; 27.Ce7+,Rf8; 28.Cc6,Db5; 29.Tfe1!, Abd.

As Ngrs mesmo entregando a Dama, não poderão impedir o Mate

- **Partida nº 101**

LEHMANN 0x1 SPASSKI
Viena, 1957
Abertura Rui Lopes

1.e4,e5; 2.Cf3,Cc6; 3.Bb5,f5(Gambito Jaenisch – antiga Defesa Schliemann); 4.Cc3,Cd4; 5.Ba4,Cf6; 6.0-0,Bc5; 7.Cxe5,0-0; 8.Cd3? *Seria melhor, exf5;*

8...,fxe5!; 9.Cxc5,d5; 10.Bb3,Rh8; 11.Bxd5,Cxd5! ,*Lehmann esperava 11...,Bg4; 12.f3,exf3; 13.Bxf3,Cxf3+, 14.gxf3, etc., desmontando o ataque das Negras e as Br. com vantagem material – mas como sempre digo, esqueceu de perguntar o que Spasski poderia fazer.*

12.C5xe4,Cb4; 13.d3,Cbxc2; 14.Bg5,Dd7; 15.Tc1,Cb4; 16.Da4?,Dxa4; *As Brancas perdem a qualidade. Seria melhor 16.a3.*

17.Cxa4,Ce2+; 18.Rh1,Cxc1; 19.Txc1,Cxd3; 20.Txc7,Cxf2+; 21.Cxf2,Txf2; 22.Rg1,Te2; 23.Bf4? *Um erro primário mas as Brs* já estavam mesmo perdidas; 23...,Te4; 24. Abd.

Como podemos ver, a pressão da partida pode ocasionar erros de um principiante mesmo entre Mestres do Xadrez.

- **Partida nº 102**

SPASSKI 1x0 FISCHER
Mar del PLATA, 1960
Gambito do Rei

1.e4,e5; 2.f4,exf4; 3.Cf3,g5; 4.h4,g4; 5.Ce5,Cf6; 6.d4,d6; 7.Cd3,Cxe4; 8.Bxf4,Bg7; 9.Cc3!? (NT),Cxc3; 10.bxc3,c5; 11.Be2!,cxd4; 12.0-0,Cc6; 13.Bxg4,0-0; 14.Bxc8,Txc8; 15.Dg4,f5; 16.Dg3,dxc3; 17.Tae1,Rh8; 18.Rh1,Tg8; 19.Bxd6!,Bf8!; 20.Be5+,Cxe5; 21.Dxe5+,Tg7; 22.Txf5,Dxh4+; 23.Rg1,Dg4?; 24.Tf2,Be7; 25.Te4,Dg5; 26.Dd4!,Tf8?; 27.Te5!,Td8; 28.De4,Dh4; 29.Tf4, *ganhando uma peça.*

Negras abandonam. Fischer na época, tinha 17 anos e deslumbrava o mundo com sua genialidade.

- **Partida nº 103**

SPASSKI 1 x 0 PETROSSIAN

Moscou, 1966

Campeonato Mundial – 23ª partida do Match

Defesa Francesa

1.e4,e6; 2.d4,d5; 3.Cc3.Cf6; 4.Bg5,dxe4; 5.Cxe4,Be7; 6.Bxf6,Bxf6; 7.Cf3,Bd7; 8.Dd2!,Bc6; 9.Cxf6+,Dxf6; 10.Ce5,0-0; 11.0-0-0,Cd7?; permite a troca do Cavalo pelo Bispo, enfraquecendo a estrutura dos Peões na Ala da Dama; 12.Cxc6,bxc6; 13.h4!,Tab8; *Com melhor desenvolvimento e vantagem na Abertura, Spasski prepara o caminho para levar sua Torre para a Ala da Dama contra os Peões enfraquecidos das Negras;*

14.Th3,c5; 15.Dg5!cxd4; 16.Dxf6,Cxf6; *consciente de sua vantagem posicional e com suas peças melhor desenvolvidas. Spasski troca as Damas. É uma posição aberta, onde o bispo tem maior mobilidade sobre o Cavalo.*

17.Txd4,Tb7; 18.Tb3,Txb3; *Spasski força nova troca contra a Torre mais desenvolvida das Negras.*

19.axb3,Ta8; *a Torre preta é condenada a mera função defensiva, enquanto sua adversária reina no Tabuleiro;*

20.Tc4,Ce8; *observe, as peças remanescentes das Negras são obrigadas a defender seus Peões fracos em consequência do lance 11...,Cd7 que forçou a dobra dos Peões pretos. Agora, como recomenda Steintz, é só o condutor das Brancas organizar suas peças para o ataque decisivo.*

21.Ta4,Cd6; 22.g3!; *além de abrir caminho para o Bispo, os Peões devem procurar ficar em casas contrárias as do seu próprio Bispo que assim terá mais velocidade em seus movimentos. Por sua vez, o Rei preto vai procurar partir em auxílio a suas peças sobrecarregadas.*

22....,Rf8; 23.Bg2,Tc8; 24.Txa7,Re7; 25.Rd2,h6; 26.c4,g5; 27.hxg5,hxg5; 28.Rc3,Rd7; *o Final está próximo; os Reis passam a ter ação decisiva para o combate.*

29.b4,Th8; *não tendo como impedir a pressão na Ala da Dama, as Negras tentam agir na Ala contrária em busca da salvação; quando o adversário ataca numa Ala, pode-se iniciar um contra-ataque na Ala contrária, mas a superioridade das Brancas é muito grande;*

30.b5,Th2; 31.Bc6+, Abd.

As Negras nada mais têm a fazer!

Se: a) 31...,Rd8; 32.c5,Cf5; 33.g4,Ch6*; o Cavalo não pode jogar em e7 porque Ta8++.* 34.f3,f5; 35.b6,cxb6; 36.cxb6, etc.

b) 31...,Rd8; 32.c5,Cf5; 33.b6,cxb6; 34.cxb6, etc.

- **Partida nº 104**

DONALD BYRNE x ROBERT FISCHER

17/10/1956

Abertura Inglesa

> **NOTA:** Na época desta partida, Fischer tinha 13 anos e Byrne já era um Mestre de Xadrez.

1.Cf3,Cf6; 2.c4,g6; 3.Cc3,Bg7; 4.d4,0-0; *as Ngrs, fiéis aos 4 princípios da Abertura, trataram de trocar rapidamente, o que lhes confere um desenvolvimento levemente superior.*

5.Bf4,d5; 6.Db3,dxc4. *O lance Db3 contraria a recomendação de evitar a saída prematura da Dama. As Brs ainda não trocaram, o lance só se justifica se Byrne desejasse executar o grande Roque que não o fez e acabou tendo que jogar uma segunda vez com a Dama contrariando também que não se deve jogar duas vezes com a mesma peça na Abertura – ver Xadrez na escola 2ed – Conceitos da Abertura; pgs 104,105,106*).

7.Dxc4,c6; 8.e4,Cbd7; 9.Td1,Cb6; 10.Dc5,Bg4; *novo movimento com a Dama e as Ngrs estão com melhor desenvolvimento*;

11.Bg5,Ca4; 12.Da3,Cxc3; (se 12.Cxa4,Cxe4; 13.Db4 – para evitar Da5+ – 13...,Bxf3; 14.gxf3,Cxg5).

13.bxc3,Cxe4;14.Bxe7,Db6; 15.Bc4,Cxc3; 16.Bc5,Tfe8+; 17.Rf1,Be6!! (*Estudar a razão deste lance deixando a dama atacada* e a coordenação das peças pretas após o sacrifício da Dama).

18.Bxb6,Bxc4+; 19.Rg1,Ce2+; 20.Rf1,Cxd4+; 21.Rg1,Ce2+; 22.Rf1,Cc3+; 23.Rg1,axb6; 24.Db4,Ta4; 25.Dxb6,Cxd1; 26.h3,Txa2;

27.Rh2,Cxf2; 28.Te1,Txe1; 29.Dd8+,Bf8; 30.Cxe1,Bd5; 31.Cf3,Ce4; 32.Db8,b5; 33.h4,h5; 34.Ce5,Rg7!; 35.Rg1, (*Atenção para a bela manobra das negras a seguir*)

35...,Bc5+; 36.Rf1,Cg3+; 37.Re1,Bb4+; 38.Rd1,Bb3+; 39.Rc1,Ce2+; 40.Rb1,Cc3+; 41.Rc1,Tc2++

Após 35.Rg1, Fischer brindou-nos com uma bela aplicação do 4º princípio das Aberturas depois do Roque – *Mobilidade e Harmonia entre as peças.*

Ver Xadrez na escola 2ed – Conceitos da Abertura; p. 104.

6.3. SOLUÇÕES DO CAPÍTULO VI

ANDERSSEN 1x0 DUFRESNE p.89

22.Bf5+,Re8; 23.Bd7+,Rei move (Rf8); 24,Bxe7++

CALDAS VIANNA 1X0 A. SILVESTRE p. 90

O Cavalo não pode ser capturado pelo Peão porque 25.Df7++

Também não pode ser capturado pela Torre porque 25.Te8++. Nem pela Dama porque 25.Db3+,Dd5 (ou De6); 26.Dxd5+,Txd5; 27.Te8++. Para 25....,De6; 26.Dxe6++)

Não convém às Ngrs trocar as Damas porque após 24...,Dxb7; 25.Cxb7 ganhando uma peça a seguir.

ZUKERTORT 1x0 BLACKBURNE p.91

Resp. I - Porque as Negras não capturaram a Dama com 28...,Dxb4?

a) Se 28...,Dxb4; 29.Bxe5+,Rxh7; 30.Th3+,Rg8; 31.Th8++

b) Se 30.Th3+,Rg6;31.Tg3+,Rh7; 32.Tf7+,Rh6; 33.Bf4+,Rh5; 34.Th7++

c) 31.Tg3+,Rh6; 32.Tf6+,Rh5; 33.Tf5+,Rh6; 34.Bf4+,Rh7;35.Th5++

d) Se 31.Tg3+,Rh5; 32.Tf5+,Rh6 (se Rh4: 33.Bf6++); 33.Bf4+,Rh7; 34.Th5++

Resp II – Por que também não capturou a Torre com 29...,Dxf8?

Porque se 29...,Dxf8; 30.Bxe5+,Rxh7; 31.Dxe4+,Rh6; 32.Th3+,Rg5; 33.Tg3+,Rh5; 34.Dg6+,Rh4; 35.Th3++(Também seria Mate com Dg5 ou Dg4).

STEINITZ x BARDELEBEN p.91

EXERCÍCIO: Por que não tomar a Torre de e7?

POSIÇÃO: t1t1r3 – pp1dT2p – 5pp1 – 3p2C1 – 6D1 – 8 – PP3PPP – 2T3R1

a) 22...,Dxe7; 23.Txc8+,Dd8; 24.De6+,Rf8; 25.Df7++

b) ou 22...,Dxe7; 23.Txc8+,Txc8; 24.Dxc8+,Dd8; 25.Dxd8+,Rxd8; 26.Cxh7 e ganham sem dificuldade com o Cavalo a mais.

Ex.: 26...,Re7; 27.g4,Rf7; 28.g5,fxg5; 29.Cxg5+, se 28...,Rg7; 29.Cxf6 ou 28...,f5; 29.f4, etc.

c) 22...,Rxe7; 23.Te1+,Rd8; 24.Ce6+,Re7 (ou Re8); 25.Cc5+ds,Rf8; 26.Cxd7+, ganhando.

*d) 22....,Rxe7; 23.Te1+,Rd6; 24.Db4+, [em Manual de Xadrez p.168, I.Becker anota em seu comentário: "**b) 23...R3D; 24.D4C+!,R3B; (se ...T4B; 24.T6R+ e ganham); 25.T6R+,R2B; 26.T7R,R1C; 27.D4B +!**"]* a meu ver, equivocada porque se ***b) 23...R3D;*** **24.D4C+,R3B??; 25.T1BD++**

Anotado em algébrico fica: ***b)23...Rd6; 24.Db4+!,Rc6; (se ...Tc5; 24.Te6+*** **e ganham) 25.Te6+,Rc7; Db4+,Rc6?? 25.Tc1++.** O grifo é nosso.

> **NOTA**: Houve falha na impressão da numeração dos lances entre parênteses: o lance impresso como 24.T6R+ tem que ser 25.T6R+ pois o lance anterior foi 24.D4C+. Na sequencia do comentário o lance está numerado corretamente como 25.T6R em demonstração clara de erro de impressão que em nada deslustra o trabalho de Idel Becker.

Prosseguindo em nossa análise de 24...,Tc5: *24.Db4+,Tc5; 25.Te6+,Rc7; 26.Dxc5+,Rb8; 27.Te8+!,Dxe8; 28.Dd6+,Rc8; 29.Ce6,Dd7; 30.Df8+ e Mate a seguir.*

a) 22....,Rxe7; 23.Te1+,Rd6; 24.Db4+,Tc5; 25.Te6+,Rc7; 26.Dxc5+,Rb8; 27.Te7,Dc6; 28.Te8+,Dxe8; 29.Dd6+,Rc8; 30.Ce6!,Dd7; 31.Df8+ e Mate a seguir.

- **Partida nº 96**

SÄMISCH 0x1 NIMZOVITCH p.93

Lances das Brancas:

a) 26.b3,a5 mantém em Zug;

b) 26.Tgf1,Bxf1;27.a3,a5; 28.axb4,Bxg2+; 29.Rg1,axb4; 30.Bc3,T5f3; *(As Brs, entregam o Bispo para dar espaço para sua Dama e seu Cavalo)* 31.Dc1.Bxg3; 32.Cd2,bxc3 33.Cxf3,Bxf3; 34.bxc3,Tg2+; 35.Rf1,Df7 e *as Brs* não têm como evitar o Mate

36.Te3,Be2+desc; 37.Rxg2,Df2+; 38.Rh1,Dh2++

FINE 1 x 0 STEINER p.95

Resp:

a) 23...,Re7; 24.Txe5+fxe5; 25.Bg5+,Re8; 26.Cc7+,Rd7; 27. Bf5+,Rd6; 28.Ce8++

b) 23...,Rd7; 24.Bf5+,Re8; 25.Txe5+fxe5; 26.Cc7+,Re7; 27.Bg5+Rd6; 28.Ce8++

Mudaria apenas a ordem dos lances, mas o final seria o mesmo.

PETROSIAN 1 x 0 NIELSEN p. 96

Resp: *A Torre ficou sem casa para jogar.* Se 25....,Td8; 26.Txd8,Dxd8; 27.Ce6+dpl ganhando a Dama.

KARPOV 1x0 KASPAROV p.96

POSIÇÃO: 5tcr – pp3dbp – 3D4 – 6P1 – 3Bp1CP – 2t5 – P3B3 – 1R1T2T1

Se 29...Bxd4; 30.Dxd4+ ganhando a Torre

a) Se *29...,Tc6; 30.Ce5,Txd6; 31.Cxf7+,Txf7; 32.Bxg7+,Rxg7;33.Txd6, etc. Brancas vencem.*

Após 29.Bd4, se não jogar em c6, a Torre preta não tem boas opções: Th3 ou c8 ou c7, perde após Tf1

b) Se 29...,Tc6; 30.Ce5,Dc7; 31.Cxc6,Dxd6; 32.Bxg7+Rxg7; 33.Txd6,bxc6; 34.Td7+,Tf7; 35.Txf7+,Rxf7; 36.Bc4+Rg7; 37.Bxg8,Rxg8; 38.Tf1 e o Rei preto fica preso no Quadrado de Canto. As Brs vencem.

CAPÍTULO 7 – PROBLEMAS

Vejamos diversos exercícios anotados em Forsith

7.1. SELEÇÃO POLGÁR

Exercícios de # 1

Anotação em Forsyth:

a) t4tr1–p6p–1c6–6C1–3B4–3B4–6PP–7R;

b) 8–5B2–4p3–4rp2–3Cp3–8–4P3–D2T2R1;

c) 8–4D3–4CC2–8–8–4r3–8–4R3;

d) 3t2br–p5dp–1p6–2p1CpC1–2P1cP2–1P6–PB4P1–R6T

e) tb6–r1p4T–P1P5–PpR5–8–8–8–5B2;

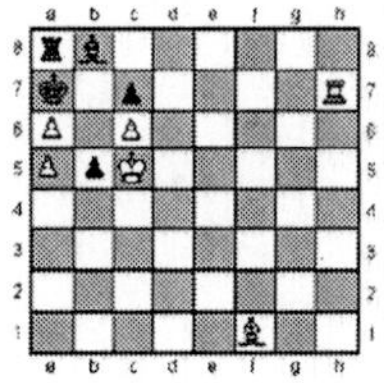

e) Diagrama

Exercícios de # 2

Anotação em algébrico:a) Rf3, Dc5//Rh4, c6 (2x2)

b) Rf8, Dg5,Tc8, c5 // Re6, g6 (4x2)

c) Rg1,Dg5,Be7,Cf6; e5,f4 // Rg7,De2,Tf8,b2,e4,e6, f7,g6,h5

NOTA: No diagrama do livro de Lazlo Polgár na p. 178, o Peão preto está em b7. Porém, não tem sentido em questões de problema, uma peça que não tem qualquer utilidade como um Peão preto em b7. Como já ocorreram erro de diagrama em diversos trabalhos, considerei que o peão preto teria que estar em b2 ameaçando Mate em um para as Negras com promoção a Dama ou Torre. Resolvi, então, fazer a correção na posição que em nada prejudica a solução, nem o excelente trabalho de Polgár.

d) Rc1, Dh3, Dd8, Td1, Td6, Bc2, Cc3, a2, e4, g2 // Rg8, Da3, Tb8, Tb2, Bg7, Cf8, a6, c4, e5, f7, g6 (10x11) Negras jogam.

e) Rb1,Dg1Tc1,Th1,Bd3,Bd4,Cb3,Cf3,b6,c2,e5,f4,g4,h2//Rb8,Da3, Tc3,Th8,Bb2,Bb7,Ca4,a6,d5,e6,f7,g7,h7 (14x13) Negras jogam.

7.2. Seleção Y. AVERBACH – TEORIA DOS FINAIS DE PARTIDA

Dama e Rei contra Rei e Peão ganha? Nem sempre: na posição atual, as Negras conseguem o empate; porque as Brancas não têm como ganhar tempo para aproximar o Rei. As Negras procuram colocar seu Rei na Coluna **b** junto ao Peão e assim que a Dama Branca der Xeque e ameaçar o Peão, basta o Rei jogar em a1. Se o Peão for capturado, empata.

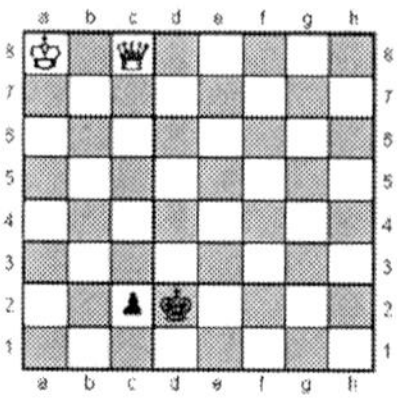

(Ra8,Dc8//Rd2,c2)

Ex:1.Dd7+Rc3; 2.Dc6+Rb2; 3.Db5+,Ra2; 4.Dc4+Rb1; 5.Db3+Ra1; 6.Dxc2, Rei Afg. Empate

Para as Brancas vencerem, precisam que o Rei esteja mais próximo do Peão como nos exemplos seguintes.

Procure resolver:

7. 2. 1. Ra5,Dc8//Rd2,c2

7. 2. 2. Ra5,Dc8//Rb2,a2

7. 2. 3. Rh8,Th5//Rc6,b5 Jogam as Negras;

7. 2. 4. Rd5,a5//Rf6,Bg5

7. 2. 5. Rc4,a6//Rc2,Cc6

7. 2. 6. Rd6,b5//Rg2,Cf4 Jogam as Negras

7. 2. 7. Rh2,Cb5//Rd5,b4 Grigoriev, 1938

7. 2. 8. Re5,a7//Rh2,Cc7

7. 2. 9. Re3,Bh3,h5//Re8 Troitsky, 1986

7. 2. 10. Ra6,Ba8,c3//Rc5

7. 2. 11. Re5,Cb8,d6//Rd8,Ca2

7. 2. 12. Rh1,Ce6,h5//Re8,Cf5! Chéron, 1952

7. 2.13. Re7,Ta1,a7//Rc4,Ta8 Zeibot, 1899

7. 2.14 Rc2,Cd3//Ra2,a3 #3

7.3. Seleção GIL & MAGEM

7. 3.1. Rb1,Dc2,h4//Rh7,Dg6,g7,h5 (3x4) Brs empatam

7. 3.2. Re4,a4,g4//Rf6,Bg7 (3x2) Brs vencem

7. 3.3. Rg1,Dc4,Tc3,Bf1,Cc6,a5,b5,f2,g3,h2 //Rg8,Dc1,Tb8, Tc8,Bh3,c2, d6, e7, f7,g6,h7 (10x11) Ngr jogam e vencem

7. 3.4. Rh5,Ba8,a6,a7//Ra5,Ta1,h2 (4x3) Brs vencem

7. 3.5. Ra8,b7,c6,d5//Rb6,Bh2,b2 (4x3) – H. Rübesamen Brs empatam

7. 3.6. Rh2,De5,Td5,Bd3,f2,g3,h4//Rg8,Db2,Tb8,Cc3,a4,f7,g7,h7 (7x8) – Larsen x Szabo. Beverwijk, 1967 Brs vencem

7. 3.7. Rf8,e6//Ra7,Be2,g6 (2x3) – Reti, 1928. Brs empatam

7. 3.8. Rb1,Cf4,h6//Rb3,Bf2,b2 (3x3) – R. Grau. Brs vencem

7. 3.9. Rf6,Bf5,c2,e2//Ra4,Bb1,c6,h5 (4x4) – Max Karstedt, 1915 Brs vencem

7. 3.10. Rh2,Ta7,Td5,Be3,e4,f2,g3,h4//Rf6,Dg4,Bd6,c7,e5,f5,g6,h7 (8x8) – Quinteros x Tukmakov. Leningrado, 1973 Brs. vencem

7. 3.11-Rg2,Dh1,Td1,Te1,Cc3,Cf3,a2,b2,d4,f2,g3,h2// Rc8,Dh5,Tf6,Tg4,Cc6, Ch3,a7,b7,c7,f7,g7,h7 (12x12) – Solana x Menvielle. Las Palmas,1991 Ngr jogam e vencem.

7.3.12. Rh1,Ba1,Bf3,b5,g3,h2//Rg8,Bb3,Be3;a7,f7,g6,h7 (6x7) – Sköld x Keres. Estocolmo,1976 Ngr jogam e vencem

7.3.13. Re2,Dh5,Tb7,Bf4,a3,e6,f2,g3,h3//Rd8, Dh1,Tc8,Th8,Bf8,a6, c7,d5, e7,g5,h6 (9x11) – Winz x Videla. Argentina, 1956 Brs vencem.

7. 3.14. Rh1,Df2,Te2,Bd4,f4,g2,h3//Rh7,Dg6, Te8,Bc6,b7,f6,g7,h5 (7x8) – Kotov x Botvinnik. URSS, 1939 Ngr jogam e vencem.

7. 3.15. Rg1,Dg6,Ta1,Th1,Bd2,Bh7,Cf3,a2,b2,c3,f4,h2// Rh8,Df6,Td8, Tf8, Cc6,Bh3,Bh4,a7,b7,c7,g7 (12x11) Marshall x Soldatenkov. USA, 1928 Ngr jogam e vencem .

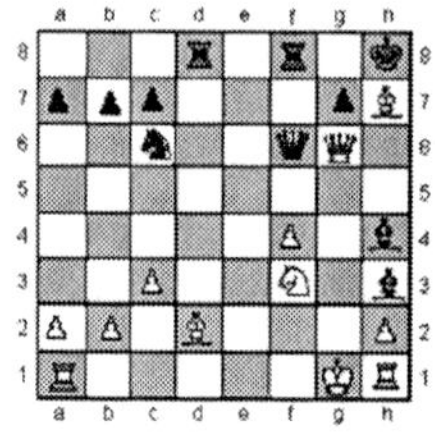

Diag 6.15

7.4. EXERCÍCIOS DE FINAIS

Descobrir a solução dos Problemas de Mate:

MATE DIRETO EM 2 LANCES:

Pode ser enunciado em diferentes formatos: ≠2 ou ++2 ou Mate em 2

4.1

4.2
2 soluções

4.3
7 soluções

7.4.1. ANOTAÇÃO EM ALGÉBRICO:

Exercícios de Mate em dois lances (#2)

a) Re1,Cf4,Ce5,Ba2 // Re8,Dd8,Bf8,b2,d6,f7 (4x6)

b) Rf1,Dc1,Bb2,Bh5 // Rd8,Dc8,Ce4,Bc7,d7 (4x5)

c) Re1,De2,Ba3,Bd3 // Re8,Dd8,Cd7,c7,e6,f7 (4x6)

d) Re7,Tf6,Bd4,c3 f5,h5 // Rg8,Bf7,c4 h7,h6 (6x5)

e) Ra6, Bg4, Bh2, d5 // Rb8, Ta8, a7, f4, g5 (4x5)

f) Rf1,Dh1,Ce3,Bh6 // Rh4,f5,g3 h2 (4x3) (5 soluções)

Exercícios de Mate em 3 (#3)

a) Rg1,Dd1,Tf1,Bc1,Ba2,e5 // Re8,Dd8,Bf8,Ce4,d7,f7, (6x6)

b) O problema abaixo me foi apresentado pelo enxadrista Wagner Dias Fernandes em 23/10/2016 no intervalo entre as rodadas do CLXXIII Torneio Aberto CCB . Consegui a solução rapidamente, mas achei tão interessante que resolvi acrescentar neste trabalho.

Posição: BRANCAS: As Brancas com todas as suas 16 peças na posição inicial sem ter efetuado qualquer lance.

NEGRAS: Rh4,h5 (16x2)

As Brs jogam e dão Mate em 3 lances.

7.5. MAIS EXERCÍCIOS DE FINAIS

7.5.1. No diagrama abaixo, as Brancas ameaçam ganhar rapidamente:

Procure descobrir:

Diagrama 11, anotado em Forsyth

6r1 – p5pp – 1p5B – 1b1p1P2 – 5D2 – P1d pR1T1 – 6PP – 8

Mas está na vez das Negras jogarem.

Podem escapar da derrota? Explique.

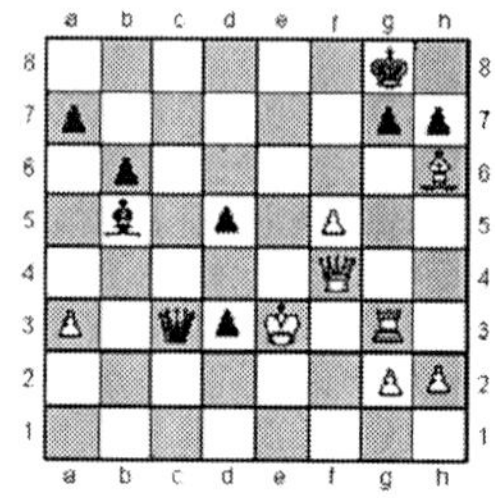

Diagr.11

Nos Finais de Rei x Peão é necessário como vimos em Xadrez na Escola, que o Rei tem que entrar no Quadrado do Peão adversário para conseguir capturá-lo. Mas o Xadrez é uma caixa de surpresas.

7.5.2 – Rh3,a2//Ra1,f3 (Reti)

7.5.3 – Rh2,a3//Ra1,f3 (H. Rinck) Tema parecido ao de Reti, mas as posições não são iguais.

As Brancas jogam. O Rei preto ameaça capturar o Peão adversário, mas são as Brancas jogam e tratam de mover seu Peão para a4, deixando o Rei preto distante do Quadrado. Qual o resultado da partida?

Brancas vencem

Negras vencem

Empate

Respostas: 5.2................. 5.3...............

7.5.4 – Qual o Menor nº de lances possíveis para as Brancas vencerem?

NOTA: Sempre que houver mais de uma solução, deverá indicar.

a) Re1//Re3,De4 Resp.: ....

b) Re1//Re3,De5 Resp.: ....

c) Re1//Re3,De6 Resp.: ....

d) Re1//Re3,De7 Resp.: ....

e) Re1//Re3,De8 Resp.: ....

7.5.5 – PROBLEMAS SR 1965

Em 1965, como sugestão para concurso de problemas publicado na Coluna de J.T. Mangini enviei carta ao colunista, solicitando avaliação para um problema criado por mim, com o propósito de estimular meus alunos do "Grêmio de Xadrez" a participarem. *Este assunto, relatei com maiores detalhes em Xadrez na escola, p.152 (2ª Ed, p.158).*

Anos mais tarde, o Presidente do Clube de Xadrez de Petrópolis, por email, solicitou que enviasse para ele informações sobre o meu trabalho realizado em Petrópolis, pois, desejava elaborar um histórico do Xadrez naquela bela cidade.

Tinha perdido toda a documentação da época, mas, finalmente, em um esforço de memória (antes que a idade apagasse de vez) consegui enviar para ele alguns fatos e alguns nomes. Infelizmente, não tinha mais os nomes dos componentes do "Grêmio de Xadrez" que criei na época com meus alunos em uma tentativa de divulgar e desenvolver o Xadrez em Petrópolis. Mas a História nunca se perde, e foi assim que em certo dia, anos mais tarde, inconformado em ter perdido as anotações da época, resolvi dar uma revisão em meus arquivos e vibrei quando encontrei um pedaço de papel já bastante envelhecido, com os principais nomes dos "fundadores" do grêmio e, no verso, os problemas que tinha criado na época e na certeza que os tinha perdido.

Fiz, imediatamente, uma revisão e antes que os perdesse de vez (ou a memória) tratei de digitar para inclusão em meu próximo trabalho.

PROBLEMAS: Notação Forsyth

7.5.5.1 – POSIÇÃO: 8–r5pp–3p4–pP1P2PP–P2P3R–8–8–8

a) Brs. Jogam e ganham

b) Ngr jogam e empatam

7.5.5.2 – POSIÇÃO: 1TD5–4pprp–3P4–2p5–1pdc4–6P1–7P–6R1

a) Brs. Jogam e ganham

b) Ngr jogam e empatam (Se tentarem vencer, podem perder)

7.5.5.3– POSIÇÃO: 6r1 – 5cB1 – 3C3P – 1b1d4 – p5TP – P1D5 – 3t1tPR – 8

As Negras ameaçam #2. Jogam as Brancas, o que fazer?

7.6. PROBLEMAS TEMÁTICOS

TORNEIO NACIONAL TEMÁTICO DE COMPOSIÇÃO DE "O GLOBO", 1966

Tema Valladão II

...*"num problema direto de mate em dois lances, a solução deve apresentar, simultaneamente, os três movimentos extraordinários do Xadrez – promoção, "em passant" e roque."*

(MONTEIRO, J. Valladão; Problemas de Xadrez, p. 41)

7.6.1 – 1º Premio: Felix A, Sonnenfeld

Mate em 2

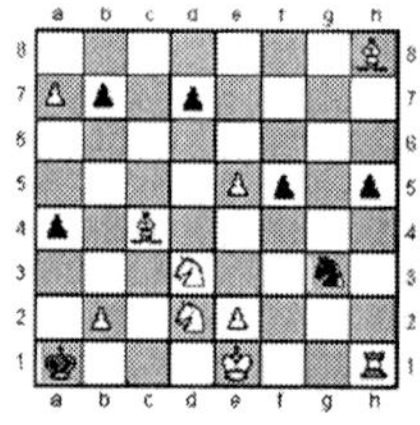

Abaixo, o problema, de minha autoria, que enviei como consulta para Mangini e ele interpretando como inscrição, resolveu enviar para participar do evento acima. Fato que só vim saber anos mais tarde, quando um meu atleta de Xadrez encontrou a citação de meu nome no referido evento. (Ver MONTEIRO, J. Valladão, p. 43)

SYLVIO REZENDE – PROBLEMAS

7.6.2 – 1C1B4 – 1pP5 – 3r4 – 2p5 – 3p1P2 – 7B – 2P5 – T3R3; Avaliação: MONTEIRO, J. Valaddão. PROBLEMAS DE XADREZ, p.44

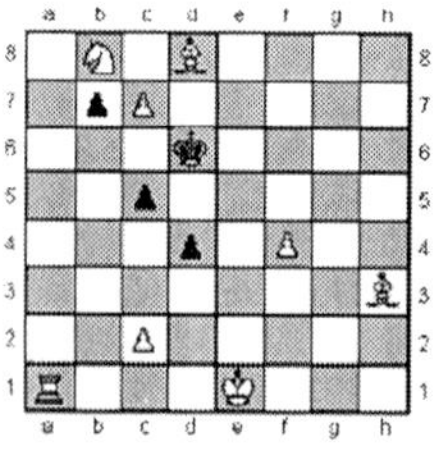

Outros problemas que criei na época no mesmo tema.

7.6.3 – 6ct – 4p1Pp – 4Cr2 – 3Pb2B – b4p2 – 8 – 1B1PP3 – 4R2T;
7.6.4 – 8 – P1B4P – 8 – 6p1 – 7p – 2p1C3 – c1P1CPP1 – T3R2r;
7.6.5 – 8 – 3Bb1P1 – 4PrPB – 3Pp2P – 5p2 – 8 – b2TP3 – 4R2T;
7.6.6 – 1C1B4 – 1pP5 – 3r4 – 2p5 – 3p1P2 – 7B – 2P5 – T3R3;

Alguns mais recentes com novos temas.

EM ALGÉBRICO:

7.6.7 – CARGA DE CAVALARIA
7.6.7.1 – Rc1,Cf1,Cg2,c3,e3 // Ra2,a3,d3,e4; #5
7.6.7.2 – Rf1,Cd6,Cb8,a5,d3,e2,f3//Rh1,h3,b6,d4,e3, #5

7.6.8 – DAMA ENCARCERADA

Certo dia, com o recurso do Ensino à Distância, veio-me a ideia de criar problemas de Mate à distância e assim fiz:

Nos problemas seguintes, o tema é – RAINHA ENCARCERADA – a Dama está presa em determinada linha do Tabuleiro e sua ação tem, obrigatoriamente, que ocorrer movendo apenas na linha em que estiver presa – FILA, COLUNA ou DIAGONAL – embora o Mate possa ocorrer em menor número de lances, ela **não poderá sair de sua linha** para dar mate mais próxima do Rei adversário.

A Rainha está presa. Movendo apenas na Fila, Coluna ou Diagonal, como dar Mate?

7.6.8.1 – DAMA PRESA NA FILA 8

a) Rc1,Db8//Ra2.a3 as Brs jogam e ganham. É claro que 1.Db1 daria Mate, mas ela está presa na Fila 8. Como fazer?

b) Rc1,Dg8,d2//Ra1,a3,c2,d3

7.6.8.2 – DAMA PRESA NA COLUNA

a) Rf6,Dd1//Rh6. Novamente: Dh1++! Mas ela está presa na Coluna e. Como fazer?

7.6.8.3 – DAMA PRESA NA DIAGONAL a1-h8

- Rf6,Da1//Rh6. De novo: 1.Dh1++, mas presa na Diagonal, não poderá jogar este lance. O que fazer?

7.7. SOLUÇÕES DO CAPÍTULO VII

Soluções de 1, 2 e 3

1. Polgár

a) Bxh7++

b) Cxe6++

c) Da3++

d) Cg6++

e) axb6 e.p ++

Exercícios de # 2

a) T. Schönberger 1925: 1.Df5,c5; 2.Dg4++

b) E.Szentgyörgyi 1927: 1.Tc6+,Rd7; 2.Dd5++

c) 1.Dh6+,Rxh6;2.Bxf8++

d) 1...,Txc2+ 2.Rxc2;Db2++

e) e.1:1...,Ba1; 2.Cxa1,Db2++

e.2: 1...,Ba1; 2.Bxc3,Cxc3++

7.8. Y. AVERBACH – TEORIA DOS FINAIS DE PARTIDA

7.8.1 – (Ra5,Dc8//Rd2,c2)

a) 1.Dd7+Rc1; 2.Rb4,Rb2; 3.Dd4+Rb1; 4.Rb3,c1D; 5.De4+,Ra1; 6.Da4+Rb1; 7.Da2++. Permite outra solução: 5.Dd3+,Ra1; 6.Da6+,Rb1; 7.Da2++

Nos dois casos, as Ngrs poderiam prorrogar o Mate em um lance a mais, vejamos: 6.Da4+ (Ou Da6+),Da3+; 7.Dxa3+,Rb1; 8.Db2++

b) 1.Dd7+,Rc3; 2.Dg7+Rd2; (Se Rb3? 3.Da1 e o Peão não promove) 3.Dd4+Rc1; 4.Rb4,Rb1; 5.Rb3,c1D; 6.De4+Ra1; 7.Da8+Rb1; 8.Da2++

c) 1.Dd7+Rc3; 2.Dg7+Rd2; 3.Dd4+Re2; 4.Dc3,Rd1; 5.Dd3+,Rc1; 6.Rb4,Rb1; 7.Rb3,Ra1; (Se capturar o Peão com Dxc2, Empate por Rei Afogado!) 8.Df1+c1D; 9.Dxc1++

7.8.2 – (Ra5,Dc8//Rb2,a2)

1.Db8+Rc2; 2.De5,Rb1; 3.De1+Rb2; 4.Dd2+Rb1; 5.Rb4,a1D; 6.Rb3,Dc3+ (*Tentativa de Dxc3 Afg*); 7.Rxc3,Ra1; 8.Db2++

7.8.3 – (Rh8,Th5//Rc6,b5)

1....,Rb6; 2.Rg7,Ra5; 3.Rf6;Ra4; 4.Re5,b4; 5.Rd4,b3; 6.Rc3 e ganham (6...,Ra3; 7.Ta5++ ou 6...,b2; 7.Rxb2 e ganha em final de Rei e Torre contra Rei.

7.8.4 – (Rd5,a5//Rf6,Bg5)

a) 1.Re4,Bh4; Rf3 e o Peão alcança a promoção – Br vencem

b) 1.Re4,Bh6; 2.a6,Bf8; 3.a7 e o Peão consegue a promoção com vitória das Brs..

c) 1.Re4,,Re6; 2.a6 e o Peão promove.

A vitória das Br só é possível pela má posição do Rei preto interferindo com o Bispo. Em qualquer outra posição do Rei preto, que não interferisse com o caminho do Bispo, levaria ao empate porque o Bispo teria as casas e3 e d8 3para alcançar o Peão em a7. O Rei branco não poderia impedir a entrada do Bispo na Diagonal g1-a7 e as pretas conseguiriam o empate com a captura do Peão em a7.

7.8.5 – (Rc4,a6//Rc2,Cc6)

Nesta posição, as Ngrs conseguem o empate impedindo a promoção do Peão. Vejamos:

1.Rc5,Ca7; 2.Rb6,Cc8+; 3.Rb7,Cd6+ 4.Rc7,Cb5+ 5.Rb6,Cd6! Agora se 6.a7,Cc8+ e a seguir, captura o Peão com empate. Este exercício demonstra a possibilidade do Cavalo saltando em volta do Peão e sua capacidade do xeque duplo garantindo a captura.

7.8.6 – (Rd6,b5//Rg2,Cf4)

Para conseguir o empate, o Cavalo precisa alcançar as casas b8 ou b7. Como o Rei branco impede a aproximação do Cavalo pela direita, o Cavalo terá que dar a volta pelo lado oposto ao Rei adversário.

a) 1....,Cd3! 2.b6,Cb4; 3.b7,Ca6 empate. O Rei branco não tem como impedir a captura do Peão.

b) 1...,Cd3; 2.Rd5,Rf3; 3.Rd4,Cf4!; 4.b6,Ce6+ 5.Rd5,Cd8 controlando a casa b7 e impedindo a promoção do Peão. O Rei branco não tem como impedir a entrada do Cavalo em b7 e estando em b7, o Cavalo terá a sua disposição as casas a5 e c5 como segurança contra os ataques do Rei adv impedindo o avanço do Peão e empatando a partida.

7.8.7 – (Rh2,Cb5//Rd5,b4)!

O Rei branco está muito distante, não tem como auxiliar o Cavalo para impedir a promoção do Peão. Para empatar as Brs precisarão que o Cavalo possa jogar em a3,c3 ou d2 quando o Peão entrar em b2. Vejamos:

1.Cc7+!,Rc4!; 2.Ce8! Aparentemente o Cavalo está se distanciando mais do Peão, mas na realidade este lance faz parte da manobra do Cavalo para atingir seu objetivo – impedir a promoção do Peão – prosseguindo:

a) 2...,b3; 3.Cd6+,Rd3; 4.Cb5,b2; 5.Ca3 e o Cavalo alcança a casa a3 e as Ngr não conseguirão impedir a captura do Peão quando entrar em b1.

b) 2....,Rc5 (Para impedir Cd6); 3.Cf6!,Rd4; 4.Ce8!,Re5; 5.Cc7,Rd6; 6.Ce8+,Rc5; 7.Cf6!,Rd4; 8.Ce8!,b3; 9.Cd6,Rc3; 10.Ce4+,Rc2; 11.Cd6!,b2; 12.Cc4,b1D; 13.Ca3+dupl e empata.

c) A pressa em alcançar logo o Peão, leva ao desastre:

1.Cc7+!,Rc4!; 2.Ce8,Rc5 (Para impedir Cd6); 3.Cf6!,Rd4; 4.Ce8!,Re5; 5.Cc7,Rd6; 6.Cb5+?,Rc5; 7.Cc7,b3; 8.Ce6+,Rc4; e o Cavalo não tem mais como impedir a promoção do Peão.

7.8.8 - (Re5,a7//Rh2,Cc7)

Esta posição demonstra a propriedade do Cavalo de "criar barreiras" ao avanço do Rei adv. O Cavalo ocupa a casa c7 e o Rei branco a casa e5 precisando apoiar 0 o Peão em a7 prestes a promover. O Rei, no entanto, não pode ir diretamente em direção ao Peão porque as casas d5 e e6 estão atacadas pelo Cavalo, enquanto as casas d4 e d6 estão igualmente impedidas ao Rei, pois permitem ao Cavalo jogar em b5 com Xeque duplo ao Rei e ataque ao Peão que será capturado empatando a partida. O Rei será obrigado, então, a dar a volta por estas casas do que se aproveitará o Rei preto a aproximar-se em apoio ao seu Cavalo. Vejamos:

1.Rf6,Rg3; 2.Rd7,Rf4; 3.Rd7,Ca8; 4.Rc8,Re5; 5.Rb8,Rd6; Empate

a) 6.Rxa8,Rc7 Afg

b) 6.Rb7,Rd7; 7.Rb8,Cc7;9.a8D,Cxa8 Empate.

7.8.9 - (Rc2,Cd3//Ra2,a3) 1x0 #3 (Mate em 3 lances)

1.Cb4+Ra1; 2.Rc1,a2; 3.Cc2++

Não serve 1.Rc1?,Rb3 e as Brs perdem a oportunidade de Mate.

7.8.10 - Diagr. 56 p.51 Troitsky, 1986 (Re3,Bh3,h5//Re8) 1x0

As Ngrs conseguem o empate se conseguirem chegar com seu Rei na casa h8 (Cor contrária ao Bispo), mas o lance é das Brs.

a) 1.Be6!,Rf8; 2.h6!,Re7; o Rei ficou fora do Quadrado do Peão; 3.h7 e a seguir promove o Peão vencendo.

b) 1.Be6,Re7; 2.h6!,Rf6; entrando no Quadrado do Peão; 3.Bf5!,Rf7. As Ngrs não podem aceitar o sacrifício do Bispo, pois sairiam do Quadrado do Peão. Agora ameaçam entrar em g8; se as Brs oferecerem de novo o Bispo em e6, Rg6 e o Peão será capturado. O que fazer?

4.Bh7!,Rf6; 5.Rf4,Rf7; 6.Rg5,Rf8; 7.Rf6,Re8; o Rei preto foi obrigado a afastar-se da casa de promoção.

8.Rg7 e agora, com a proteção do Rei, o Peão será promovido e vitória das Brs.

c) 1.h6?,Rf7 e empate, pois as Brs não conseguirão impedir a entrada do Rei adversário na Casa de Promoção (h8) empatando a partida.

NOTA:

Rei contra Rei, Bispo e Peão na Coluna da Torre, ganha se o Bispo for da mesma cor da casa de promoção do Peão. No caso presente, o Bispo é de cor contrária e será necessária a proximidade do Rei Superior para apoiar o Bispo em evitar o acesso do Rei Inferior às casas de acesso ao Peão e, à casa de promoção.

7.8.11 (Ra6,Ba8,c3//Rc5) 1x0

1.Bd5,Rxd5; 2.Rb5,Rd6; Agora cuidado! Se 3.Rc4?,Rc6 ganhando a Oposição sem espaço entre o Rei Superior e seu Peão. Já vimos que é caso de empate porque não há como o lado superior, reverter a situação. Então é necessário impedir o Rei Inferior de retornar para a casa anterior. 3.c4,Rd7; (se jogar em c7, 4.Rc5! ganhando a Oposição e, a seguir, entrando em uma das Casas Eficazes Lembra? Xadrez na escola p.93) mas 4.Rb6! Entrando na Casa Eficaz e garantindo a promoção do Peão.

7.8.12 – (Re5,Cb8,d6//Rd8,Ca2) ! 1x0

a) 1.Re6,Cb4; 2.d7,Rc7; 3.Ca6+!Cxa6; 4.Re7 e o Peão será promovido com vitória assegurada.

b) As Ngrs resolvem não tirar o Rei de d8.

1.Re6,Cb4; 2.d7,Cb6; como evitar a captura do Peão? 3.Cc6+,Rd7; 4.d8D+ ganhando com relativa facilidade.

7.8.13– (Rh1,Ce6,h5//Re8,Cf5 ! 1x0

1.Cg7+!Cxg7; 2.h6,Rf8; 3.h7, o Cavalo preto impede a aproximação do Rei e o Peão será promovido garantindo a vitória.

7.8.14 – (Re7,Ta1,a7//Rc4,Ta8) 1x0

a) 1.Rd6,Rb5;2.Rc7,Rei move; 3.Rb7 e as Ngrs não podem impedir a promoção do Peão.

b) Cabendo às Ngrs a vez de jogar: 1...,Rb5; 2.Rd6,Rb6; 3.Tb1+Rxa7; 4.Rc7 e as Negras são obrigadas a entregar a Torre para não levar Mate.

b.1) 3.Tb1+Ra6; 4.Rc7,Txa7+ 5.Rc6 e mesma situação anterior. As Ngrs são obrigadas a entregar a Torre para não levar ++

7.9. GIL & MAGEM

7.9.1 – Rb1,Dc2,h4//Rh7,Dg6,g7,h5 (3x4)

– 1.Ra1,Rh6; 2.Dd2+,Rh7; 3.Dc2 e empate após 3 repetições da posição.

Se 1.Ra1,Dxc2, empate por Rei Afg.

7.9.2 – Re4,a4,g4//Rf6,Bg7 (3x2)

– 1.a5,Bf8; 2.Rd5,Bh6; 3.g5+!!,Bxg5; 4.Re4,Bh4; 5.Rf3 e o Peão de **a** consegue promover com vitória das Brs.

7.9.3 – Rg1,Dc4,Tc3,Bf1,Cc6,a5,b5,f2,g3,h2 //Rg8,Dc1,Tb8, Tc8,Bh3,c2, d6, e7, f7,g6,h7 (10x11)

–1...,Txc6; 2.bxc6,Dxf1+,3.Dxf1,Tb1 e Brs Abd.

7.9.4 – Rh5,Ba8,a6,a7//Ra5,Ta1,h2 (4x3) – J. Fritz,1961

1.Bh1,Txh1; 2.a8D,Td1! impedindo Dd8+ ou Dd5+ mas, 3.Dh1!!,Txh1; 4.a7 e a seguir, promovem o Peão e com Xeque, capturam a Torre ou o Peão com vitória das Brs.

7.9.5 – Ra8,b7,c6,d5//Rb6,Bh2,b2 (4x3) – H. Rübesamen

1.d6!,Bxd6;b8D+,Bxb8; 3.c7! e após a captura do Peão, empate por Rei Afg.

7.9.6–Rh2,De5,Td5,Bd3,f2,g3,h4//Rg8,Db2,Tb8,Cc3,a4,f7,g7,h7 (7x8) – Larsen x Szabo. Beverwijk, 1967

– *1.Tb5!Dxf2+. A Torre não pode ser capturada pela Torre porque levam o "Mate de Corredor" com Dd8++; nem pelo Cavalo, porque perdem a Dama com Dxb2 nem pela Dama, por Bxb5);*

2.Rh3,Tc8; 3.Dxc3 com mesmo impasse anterior. A Dama não pode ser capturada. Vencem as Brs com peça a mais e forte ataque.

7.9.7 – Rf8,e6//Ra7,Be2,g6 (2x3) – Reti, 1928

– 1.Re7,g5; 2.Rd6!,g4; 3.e7,Bb5; 4.Rc5,Be8; 5.Rd4 entrando no "Quadrado do Peão" adv forçando o empate.

7.9.8 – Rb1,Cf4,h6//Rb3,Bf2,b2 (3x3) – R. Grau

a) *1.Ce6!Bg3; 2.Cd4+,Ra3; 3.Cf3 garantindo a promoção do Peão.*

b) *1.Ce6!,Bh4 (ou Be1); 2.Cc5+,Ra3; 3.Ce4 igualmente garantindo a promoção do Peão.*

7.9.9 – Rf6,Bf5,c2,e2//Ra4,Bb1,c6,h5 (4x4) – Max Karstedt, 1915

– 1.e4!,Bxc2; 2.e5,Bb3; 3.Bc2!,Bxc2; 4.e6 e o Peão será promovido com vitória assegurada.

7.9.10 – Rh2,Ta7,Td5,Be3,e4,f2,g3,h4//Rf6,Dg4,Bd6,c7,e5,f5,g6,h7 . (8x8) – Quinteros x Tukmakov. Leningrado, 1973

a) *1.Txd6+,cxd6; 2.Bg5+,Re6; 3.Te7++. Após Txd6, as Ngrs abandonaram*

b) 1.Txd6+,Re7; 2.Bc5,Re8 (as Brs ameaçavam xeque desc ganhando a Dama); 3.Ta8+,Rf7; 4.Td7+,Re6; 5.Te7+,Rf6; 6.Tf8++

c) 1.Txd6+,Rf7; 2.Txc7+,Re8; 3.Te6+,Rd8 (se Rf8,Bc5+ e a seguir, Te8++); 4.Bb6,f4; tentando abrir caminho para a Dama e ameaçando contra ataque – contra principiante pode dar certo; 5.Txh7+desc, (o mesmo para 5.Tf7,Tg7 ou Ta7), 5...,Rc8; 6.Te8++

7.9.11 – Rg2,Dh1,Td1,Te1,Cc3,Cf3,a2,b2,d4,f2,g3,h2// Rc8,Dh5,Tf6,Tg4, Cc6,Ch3,a7,b7,c7,f7,g7,h7 (12x12) –, Solana x Menvielle. Las Palmas,1991

a) 1...,Txg3+! 2.hxg3,Dxf3+ 3.Rh2,Dxh1+4.Txh1,Cxf2; 5.Rg2,Cxh1; 6.Rxh1,Tf2; etc e as Ngrs não terão dificuldades de vencer a partida.

b) 1..,Txg3+; 2.hxg3,Dxf3+; 3.Rh2,Dxh1+; 4.Txh1,Cxf2; Ngr com vantagem suficiente para ganhar.

c) 1...,Txg3, 2.fxg3?,Dxf3+ 3.Rxh3,Th6++

7.9.12 – Rh1,Ba1,Bf3,b5,g3,h2//Rg8,Bb3,Be3;a7,f7,g6,h7 (6x7) – Sköld x Keres. Estocolmo,1976

a) 1...,Ba4! 2.Be2,2.a6! ganhando. Se 3.bxa6,Bc6+ 4.Bf3,Bxf3++

b) 1...,Ba4! 2.Bc6,a6; 3.Rg2,Bxb5 e as Ngrs vencem com maioria de Peões na Ala do Rei e Peão passado distante e apoiado,

7.9.13 – Re2,Dh5,Tb7,Bf4,a3,e6,f2,g3,h3//Rd8, Dh1,Tc8,Th8,Bf8,a6,c7,d5, e7,g5,h6 (9x11) – Winz x Videla. Argentina, 1956

a) 1.Bxc7+,Txc7; 2.De8+!,Rxe8; 3.Tb8+,Tc8; 4.Txc8++

7.9.14 – Rh1,Df2,Te2,Bd4,f4,g2,h3//Rh7,Dg6, Te8,Bc6,b7,f6,g7,h5 (7x8) – Kotov x Botvinnik. URSS, 1939

a) 1...,Dxg2+!; 2.Dxg2,Txe2! 3.Abd.

7.9.15 - Rg1,Dg6,Ta1,Th1,Bd2,Bh7,Cf3,a2,b2,c3,f4,h2// Rh8,Df6, Td8,Tf8, Cc6,Bh3,Bh4,a7,b7,c7,g7 (12x11) Marshall x Soldatenkov. USA, 1928

a) 1...,Txd2!; 2.Cxd2,Cd4! (*Se cxd4??,Dxd4++*); 3.Dh5 (As *Ngs ameaçam Ce2++)* 3...,Dg5+, *se 4.Dxg5,Ce2++; ou se 4.fxg5,Bf2++*

b) Para 3.Dd3 (Tentando evitar Ce2 por outro caminho), 3...,Dg5+; 4. Dg3 (Forçado, pois fxg5 leva o mate com Bf2) 4...,Bxg3 e a seguir as Negras dão Mate .

b.1) Se 5.hxg3,Dxg3++
b.2) Se 5.fxg5,Bf2++
b.3) Se 5.Ce4,Ce2++ ou Cf3++
b.4) Se 5.Bd3,Bh4+desc.; 6.fxg5 (Forçado),Bf2++

7.10. SOLUÇÕES DO CAPÍTULO VII DE 7.4, 7.5, 7.6 E 7.7 EXERCÍCIOS DE FINAIS

7.11. Descobrir a solução dos Problemas de Mate:

MATE DIRETO EM 2 LANCES:

7.11.1 – 1.Cf6+,Re7; 2.Cg8++
7.11.2 – a) 1.Be5,Rei move; 2.Tg6++
b) 1.Be5,Bispo move; 2.Tf8++

7.11.3 - a) 1.Ra5,Rc7; 2.Cxe6++
b) 1.Ra5,Rc6; 2.Db6++
c) 1.Ra5,Bc6; 2.Db8++
d) 1.Ra5,Bb5; 2.Cb7++ (ou C5xe4++)
e) 1.Ra5,Txc4; 2.Be5++
f) 1.Ra5,exf6; 2.C5xe4++ (ou Cb7++)
g) 1.Ra5,Bxc5+; 2.Dxc5++

7.11.4 - Anotação em Algébrico:
a - 1.Bxf7+Re7; 2.Cd5++

b -1.Dg5+Cxg5; 2.Bf6++

c -1.Dxe6+,fxe6 ; 2.Bg6++

c.1- 1.Dxe6+,De7; 2.Dxe7++

d -1.Be5,Rei move; 2.Tg6++

d.1- 1.Be5,Bispo move ou captura h5; 2.Tf8++

e -1.d6,f3; 2.d7++

f - 1.Df3,h1+; 2.Dxh1++

f.1- 1.Df3,Rh3; 2.Dh5++

f.2- 1.Df3,g2+; 2.Cxg2++

g -1.Bxf7+Re7; 2.Dd6+Cxd6; 3.Bh4++

h - a) 1.Ch3,Rg4; 2.e4+ds,Rh4; 3.g3++

Encontrando a solução, não me ocupei mais do problema, mas quando apresentei minha neta Luara de 16 anos, ela encontrou nova resposta:

b) 1.d3 (ou d4),Rg4; 2.e4+ds,Rh4; 3.g3++

7.12. MAIS EXERCÍCIOS DE FINAIS

6r1 –p5pp–1p5B–1b1p1P2–5D2–P1d pR1T1–6PP–8

7.12.1 -a) Brancas ameaçam: 1.Db8+,Rf7; 2.Txg7+Rf6; 3.Df8+,Re5; 4.Bf4++.

Mais ameaças das Brancas:

a) 1.Txg7+,Rh8; 2.Db8+,Dc8; 3.Dxc8+,Be8; 4.Dxe8++

b) 1.Txg7+,Rf8; 2. Dd6+,Re8; 3.De7++

c) 1.Txg7+,Dxg7; 2.Db8+,Rf7; 3.Dxa7+, Rf6; 4.Dxg7+, Rxf5; 5.Df7+,Rg4 (se 5....Re5; 6.Bf4++); 6.Df4+,Rh5; 7.Dg5++

Podem escapar da derrota? Explique.

Resposta: Sim.

a) *1....,d2!+; 2.Rf2,d1C!!+; 3.Rg1,De1+; 4.Df1,Dxf1++*

b) *Se: 2....,d1D??; 3.Txg7+,Dxg7; 4.Db8+,Rf7; 5.Dxa7+,Rf6; 6.Dxg7+,Rxf5; 7.Dxh7+,Re5; 8.De7+,Rd4; 9.De3+,Rc4; 10.De2+ forçando a troca das Damas e ganhando com os dois Peões passados na Ala do Rei.*

b.1) Para 7.Dxh7+,Re6; 8.Dg8+,Rd7; 9.Df7+,Rc8; 10.De6+Rb7; 11.De1,Dd4+; 12.De3,Db2+; 13.Rg1,Da1+; 14.Dc1,Dd4+;15. Rh1. As Ngrs nada mais podem fazer. O Rei branco está bem protegido e protegendo seus Peões; a Dama e o Bispo Branco, em harmonia, na defesa de suas peças e prontas para atacar. As Negras não terão como impedir o avanço dos Peões brancos na Ala do Rei, enquanto seus Peões isolados precisarão sempre de uma peça para protegê-los ficando apenas a Dama com certa liberdade mas, insuficiente para conter o ataque das Brancas. Enquanto o Rei branco pode se expor em campo aberto para forçar a troca das Damas, o Rei preto está sujeito a ataques constantes com ameaças de mate ou captura de peças.

b.2) Para 7.Dxh7+,Re5; 8.De7+,Rf5; 9.Dg5+,Re4; 10.Df4+,Rd3; 11.Df3+, forçando a troca das damas e ganhando com os dois Peões passados na Ala do Rei unidos e apoiados (Vejamos:11...,Dxf3+; 12.Rxf3,d4; 13.Rf2,Rc2; 14.Re1, e os Peões pretos não conseguirão promover, ao contrário das Brs com seus Peões unidos e apoiados na Ala oposta, bastando promover apenas um para alcançar a vitória.

7.12.2 – (Reti) a) 1.a4,Rb2; 2.a5,Rc3; 3.a6,Rd3; 4.Rg3,Re2; 5.a7,f2; 6.a8D,f1D – e as Negras conseguem o que parecia impossível: EMPATE!

b) 1.a4,Rb2; 2.a5,Rf3; 3.Rg3,Rd4; 4.Rxf3,Rc5 entrando no Quadrado do Peão, que sem apoio não conseguirá promover – EMPATE!

7.12.3 – (Rinck) a) 1.a4,Rb2; 2.a5,Rc3; 3.Rg1 ganhando. Para 3... Rd4; 4.a6,Re3; 5.Rf1 e somente o Peão branco promove.

Se 3...,Rd3; 4.Rf1 e com o Rei preto fora do Quadrado, o Peão Branco promove

7.12.4 – Menor nº de lances possíveis.

a) 1.Dh1++ ou Db1++

b) 1.Da1++

As demais soluções dão Mate em 2 lances movendo a Dama para e4 caindo na posição **a** com Mate no próximo lance em b1 ou h1 dependendo para qual lado o Rei tentar fugir.

c) Resp.: 1.De4,Rd1; 2.Db1++ ou 1.De4,Rf1;2.Dh1++

c.1) 1.Da2,Rd1; 2.Db1 ou Dd2++ ou 1.Da2,Rf1; 2.Df2++

c.2) 1.Df5,Rd1; 2.Db1++ ou 1.Dd5,Rf1; 2.Dh1++

d) Resp.: 1.De4,Rd1; 2.Db1++ ou 1.De4,Rf1; 2.Dh1++

d.1) 1.Db7,Rd1; 2.Db1++ ou 1.Db7,Rf1; 2.Dh1++

d.2) 1.Dh7,Rd1; 2.Db1++ ou 1.Dh7,Rf1; 2.Dh1++

e) Resp.: 1.De4,Rd1; 2.Db1++ ou 1.De4,Rf1; 2.Dh1++

e.1) 1.Db5,Rd1; 2.Db1++ ou 1.Dh5,Rf1; 2.Dh1++

7.12.5 – 5/11/65 – PROBLEMAS: Notação Forsyth

POSIÇÃO: 8 – r5pp – 3p4 – pP1P2PP – P2P3R – 8 – 8 – 8

a) Br. Jogam e ganham

1.g6,h6 e as Brs ganham facilmente com o caminho aberto para capturar g7 e promover o Peão de g. O Rei preto está escravizado na Ala oposta pelo Peão passado em b5. O mesmo resultado para 1...,hxg6; 2.hxg6.

a.1) 1.Rg4?? Aproveitando a Diagonal livre para passar até os Peões adversários, mas: 1...,g6! Fechando a passagem do Rei . Agora as Brs têm que aceitar o empate,

b) Ngrs jogam e empatam

1...,g6! 2.hxg6,hxg6; fechando o caminho do Rei branco para atacar o Peão adversário de g. O Peão passado de b5 não terá como abrir passagem, bastando para o Rei preto ficar jogando, sistematicamente, pelas casas a7,b6 e c7 para impedir o avanço do Peão de b5 e ficando com os Peões de a5 e d6 fechando as portas ao Rei adversário.

7.12.6 – POSIÇÃO: 1TD5 – 4pprp – 3P4 – 2p5 – 1pdc4 – 6P1 – 7P – 6R1

a) Brs. Jogam e ganham

1.Dg4+,Rf6; 2.Df4+,Re6; (Não pode Cf5 porque perde a Dama) 3.De4+,Rxd6; 4.Tb6+,Rd7; 5.Db7+,Rd8; 6.Da8+,Rd7; 7.Da7+,Rd8; 8.Tb8++

a.1) 1.Dg4+,Rh6; 2.Df4+,Rh5 *(Se .2...Rg7; 3.Dg5++ ou se Rg6,Tg8+ e a seguir, mate com Dg5)*;

3.g4+,Rh4; 4.Dg3+,Rg5; 5.De5+,f5 6.Tg8+, a) 6...,Rh4; 7.Dg3++ ou b) 6...,Rh6; 7.Df4 ou Dg7++ (se 5...,Rh4; 6.Dh5++.

Se 5...,Rh6; 6.Dh5+,Rg7; 7.Dg5++ ou se 5...,Rxg4; 6.Tg8+,Rh4; 7.Dg5+ e mate a seguir).

b) Se 1.dxe7?,Dc1+; 2.Rg2,Dd2+; 3.Rh3,Dh6+ e empata com Xeque perpétuo.

7.12.7– POSIÇÃO: 6r1 – 5cB1 – 3C3P – 1b1d4 – p5TP – P1D5 – 3t1tPR – 8

As Negras ameaçam #2. Jogam as Brancas, o que fazer?

7.12.8 - As Ngrs ameaçam: 1...,Txg2+; 2.Txg2,Dxg2++

Brancas jogam: 1.Bh9+ds,Rf8 (Se 1...,Rh7; 2.Dg7++); 2.Tg8+,Re7 (Se Rei tomar a Torre, 3.Dg7++); 3.Dc7+,Re6 (Se Bd7; 4.Te8++); 4.Tg6+,Tf6; 5.Txf6+,Re5; 6.Txf7+ds,Re6; 7.De7++

7.13. PROBLEMAS TEMÁTICOS

7.13.1 – Felix A, Sonnenfeld

1.b4!,axb3 ep; 2.a8D ou T++

a) 1.b4!,d5; 2.exd6 ep++

b) 1.b4!,a3; 2.e6++

c) 1.b4!,Cxh1; 2.e6++

d) 1.b4!,Ce4; 2.0-0++

7.13.2 – Sylvio Rezende

Solução: 1.c4!

a) Se Ngrs dxc3 ep; 2.0-0-0 ++

b) Se não capturam, 2.c8C ++

c) Também pode 1...,dxc3 ep; 2.Td1++

7.13.3 – 6ct – 4p1Pp – 4Cr2 – 3Pb2B – b4p2 – 8 – 1B1PP3 – 4R2T;

a) 1.e4,fxe3 ep; 2.0-0 ou Tf 1++

b) Se 1..., move sem capturar *en passant*; 2.gxh8B (ou D) ++

7.13.4 – P1B4P – 8 – 6p1 – 7p – 2p1C3 – c1P1CPP1 – T3R2r;

a) **1.g4**,h3; 2.a8B (ou D)++

b) 1....,Cb4; 2. 0-0-0++

c) 1....,hxg3 ep; 2.h8T (ou D)++

7.13.5 – 3Bb1P1 – 4PrPB – 3Pp2P – 5p2 – 8 – b2TP3 – 4R2T;

1.e4,fxe3 ep; 2.0-0 (ou Tf1) ++

1..., Para qualquer outro lance de Negras, 2.g8C++

7.13.6 – 1 C1B4 – 1pP5 – 3r4 – 2p5 – 3p1P2 – 7B – 2P5 – T3R3;

a) **1.c4**,dxc3 ep; 2.0-0-0 (ou Td1) ++

b) 1....,b5; 2.Ta6++

c) 1....,b6 ou e3; 2.c8C++

7.13.7 – CARGA DE CAVALARIA

7.13.8 – 1.Cd2,Ra1; 2.Cf4,Ra2; 3.Cd5,Ra1; 4.Cb4,a2; 5.Cb3++

7.13.9 – a) 1.Cc6,bxa5; 2. Ce5,a4; 3.Ce4,a3; 4.Cg4,a2; 5.Cg3++

b) 1.Cc6,Rh2; 2.Cf5,bxa5;3.Ce5,a4; 4.Cg4+,Rh1; 5.Cg3++

c) 1.Cc6,b5; 2.a6?,b4; 3.a7?,b3; 4.a8D, b2!; 5.Da2,b1D+; 6.Dxb1,h7!! EMPATE por Rei Afogado. É muito comum o jogador tendo um Peão passado que vai promover antes do adversário, sair correndo para promover seu Peão deixando de analisar as possibilidades de seus Cavalos com manobra certa de vitória. Por isso, antes de correr para promoções efêmeras, analise com mais cuidado as possibilidades de suas peças. Neste exemplo, somente os cavalos garantem a vitória.

7.13.10 – Rc1,Cf1,Cg2,c3,e3 // Ra2,a3,d3,e4; #5

7.13.11 – Rf1,Cd6,Cb8,a5,d3,e2,f3//Rh1,h3,b6,d4,e3, #5

7.13.12 – DAMA ENCARCERADA

7.13.13 – DAMA PRESA NA FILA 8

a) – Rc1,Db8//Ra2,a3:

a.1) 1.Rc2,Ra1; 2.Dg8,a2; 3.Dh8++

a.2) 1.Dg8+,Ra1; 2.Rc2,a2; 3.Dh8++

b) – Rc1,Dg8,d2//Ra1,a3,d3
1.Dh8+,Ra2; 2.Db8,Ra1; 3.Dg8,a2; 4.Dh8++

7.13.14 – DAMA PRESA NA COLUNA d

a) – Rf6,Dd1//Rh6
1.Dd5,Rh7; 2.Dd2,Rg8; 3.Dd7,Rh8; 4.Rg6,Rg8; 5.Dd8++

7.13.15 – DAMA PRESA NA DIAGONAL a1-h8

a) – Rf6,Da1//Rh6
1.De5,Rh7; 2.Rg5,Rg8; 3.Rh6,Rf7; 4.Rh7,Rf8; 5.Rg6;Rg8; 6.Dg7++

CAPÍTULO 8 – FANTASIAS

Sob este título, Luiz Cabrerizo apresentou belíssimos problemas de Mate em seu Manual de Xadrez.7ª Ed. p.128 a 133.

Em vez dos diagramas e como treinamento, os problemas estão anotados em Notação Forsyth. Aproveite para praticar.

MURO DE PEÕES
Blackburne

3CT3 – 3CDprp – 5p1p – 5p1p – 5p1p – 5B1R – 4P1P1 – 2B5

O Peão de g2 terá que atravessar todo o muro de Peões adversários sem ser capturado, nem capturar peça nenhuma, finalizando, assim, sua caminhada com Mate!!

RETIRADA DE NAPOLEÃO
R. Von Petroff

3c4 – 2p3p1 – 4ptB1 – c1P5 – p1pP1tp1 - 4b1P – 1pP1Cp1R – 1r3C1D

Com intenso ataque de cavalaria, o Rei preto é obrigado a recuar para seu próprio campo, até levar mate em seu castelo (h8).

"A ESCADA DE BARRET"
S.R.Barret – 1874

8 – 8 – 8 – 8 – 8 – 8 – ppDRPPP1 – r7

As Negras ameaçam promover um Peão ganhando a partida. Como as Brancas podem ganhar?

ENCARCERADO

2B2B2 – 2p2C2 – 2p2Dp1 – 2p3p1 – 1Cppr1p1 – 1c5c – 3PPP2 – 2T1R1T1

Através de uma seqüência de Xeques, o Rei preto é obrigado a encarcerar-se entre seus próprios Peões até levar Mate pela peça que ficou o tempo todo observando imóvel, à espera de aplicar o golpe final.

SELEÇÃO VALADÃO MONTEIRO ANOTADOS EM ALGÉBRICO

Também para praticar, anotaremos os próximos em algébrico e em diversas formas.

No Brasil, quando se fala em Problemas de Xadrez, é o mesmo que falar em Joaquim Valadão Monteiro. O principal, senão o maior, responsável pelo desenvolvimento da modalidade em nosso país chegando a produzir mais de mil composições. Félix Sonenfeld foi outro baluarte; pelo seu brilhantismo chegou a conquistar o Título de Bi-Campeão Mundial de Problemas. Nada mais justo, portanto, em homenagear estes dois pilares da verdadeira essência dos Problemas de Xadrez, com algumas composições de Valadão Monteiro selecionadas por Felix Sonenfeld a pedido da Federação Metropolitana de Xadrez (Atual FEXERJ) em 1971

CAMP. CARIOCA DE SOLUÇÕES – 1971
Valadão Monteiro

BRANCAS: Re6,Dh1,Tg1,Cf4,Cd5,e3 = 6 peças
NEGRAS: Re4,Tf3,Bc7,Ch4,c4 = 5 peças
Mate em 2 lances

UBP, 1964
Valadão Monteiro

Br: Cd7,Rh7,Ce4,Th4,Db3 // Ngr:Ta6,Bc6,g6,Rd4,Te2,Dd1 (5x6)
Mate em 2

ITALIA SCACCHISTICA, 1931
Valadão Monteiro

Ra3,Da1,Ta8,Bh1,Bf4,Cc8 // Rb7,Dc6,Ca6,a5,b6 (6x5)
Mate em 2

O MENSÁRIO, 1962
Valadão Monteiro

Ta1,Ba6,Tc7,Re1,Ce2,Ce3,De6,Bh8 //a4,Bb3,Cb5,Tc4,Tc8, Rd3,Ce7 (8x7)
Mate em 2

DEUTSCHE RIO-ZEITUNG, 1931
Valadão Monteiro

Ra4,Dd3,Ca5 // Rb6,Bc5,Cc7 (3x3)
Mate em 3

O DEMOCRATA, 1933
Valadão Monteiro

Rb6,Cc5,Te4,Bf7 // Rd6,b7 (4x2)
Mate em 3

CORREIO DA MANHÃ, 1931
Valadão Monteiro

Ra3,Th2,Bh3,Bf2 (4 peças) // Ra5,a6,e6,f5,g4 (5 peças)
Mate em 3

GAZETA ISRAELITA, 1931
Valadão Monteiro

Rb2,Tc4,Ce4,Be6,f2 // Rf4,c5,e5,f3 (5x4)
Mate em 3
E para encerrar:

8.1. SELEÇÕES RECREATIVAS, 1967

BRANCAS: Rb1,Dg5,Bf1
NEGRAS: Rd5,c6,d6,e6, c5,e5,c4,d4,e4,
(3X9)
Mate em 4

8.2. SOLUÇÕES DO CAPÍTULO VIII

MURO DE PEÕES:

1.Tf8,Rg6; 2.Ce6,fxe6; 3.Df7+,Rg5; 4.Ce5,fxe5; 5.Be4,fxe4; 6.Be3,fxe3; A primeira parte do problema foi executada abrindo a Coluna f de Peões. O problema agora é avançar sem ser capturado pelos Peões da Coluna h que não pode ser afastada.

7.De7+,Rg6; 8.Rh2,h3; 9.g3,h4; 10.g4,h5; 11.g5,h6; 12.Df6+,Rh7; 13.g6++.

RETIRADA DE NAPOLEÃO

1.Cd2+,Ra2; 2.Cc3+,Ra3; 3.Cdg1+,Rb4; 4.Ca2+,Rb5; 5.C1c3+,Ra6; 6.Cb4+,Ra7; 7.Cb5+,Rb8; 8.Ca6+,Rc8; 9.Ca7+,Rd7; 10.Cb8+,Re7; 11.Cc8+,Rf8; 12.Cd7+,Rg8; 13.Ce7+,Rh8; 14.Rg2 ou g3++

NOTA: No diagrama proposto no livro de Cabrerizo a casa b3 está livre, dando opção de duas respostas de Mate com Rg2 ou Rg3. Não sabemos se Cabrerizo teve, ou não, acesso ao problema original, o que poderia suscitar a possibilidade de copiar um diagrama diferente do proposto pelo autor, ou mesmo que no diagrama de Cabrerizo tenha sido omitido o Peão pela gráfica. Haja visto a qualidade de Petrof. (Já encontrei casos de erro de diagrama em vários livros de excelentes autores). Assim, em respeito a qualidade não só de Petrof, mas também de Cabrerizo, tomei a liberdade de acrescentar um Peão branco em b3, proporcionando uma única resposta e maior perfeição ao belo problema que demonstra de forma brilhante, a importância da Cavalaria para a vitória.

"A ESCADA DE BARRET" S.R.Barret – 1874

1.Dc3,Rb1; 2.Dd3+Ra1; 3.Dd4,Rb1; 4.De4+Ra1;5.De5,Rb1; 6.Df5+Ra1; 7.Df6,Rb1; 8.Dg6+Ra1; 9.Dg7,Rb1; 10.Dh7+Ra1; 11.Dh8,Rb1; 12.Dh1++

ENCARCERADO

Solução: 1.f3+,gxf3; 2.De6+,Rf4; 3.e3+,dxe3;4.Df6+,Re4; 5.d3+cxd3; 6.Tc4+,Cd4; 7.Txd4+,cxd4; 8.De6+Rf4; 9.Cd5+,cxd5; 10.Bd6+,cxd6; 11.Df6+,Re4; 12.Tg4+Cf4; 13.Txf4,gxf4; 14.Bf5+,gxf5; 15.De5+dxe5; 16.Cd6 ou Cg5++

CAMP. CARIOCA DE SOLUÇÕES – 1971

a) 1.Ta1,c3; 2.Ta4++

b) 1.Ta1,Bxf4 ou move Cavalo; 2.Db1++

UBP, 1964

a) 1.Cg5+desc,B e4; 2.Cf3++

b) 1.Cg5+desc,Te4; 2.Ce6++

ITALIA SCACCHISTICA, 1931

a) 1.Dh8,Rxa8; 2.Bxc6++

b) 1.Dh8,Df3+; 2.Bxf3++

c) 1.Dh8,Dxh1; 2.Dxh1++

d) 1.Dh8,Cc7; 2.Cd6++

e) 1. Dh8,b5; 2.Ta7++

f) 1. Dh8,Cb8;2.Ta7++

O MENSÁRIO, 1962

a) 1. Cc2,Bxc2; 2.Cc1++

b) 1. Cc2,Txc2; 2.Cf4++

c) 1. Cc2,Rxc2; 2.De4++

d) 1. Cc2,Cd4; 2.Cb4++

e) 1. Cc2,Td4,De3++

f) 1.Cc2,Cc3; 2.Cb4++

g) 1.Cc2,Te4: 2.Td1++

h) 1.Cc2,Td4; 2.0-0-0++ (0-0-0 serve inclusive para 1...,Txc7 (Qualquer Txc7)

DEUTSCHE RIO-ZEITUNG, 1931

Mate em 3

a) 1.Dd7,B move; 2.Dc6+,Ra7; 3.Db7++

b) 1.Dd7,Ra7; 2.Dxc7+,Ra8 ou Ra6; 3.Db7++

c) 1.Dd7,Ra6; 2.Dc6+,Ra7 ou Bb6;3.Db7++

NOTA: O lance 1...,C move?? Não pode ser considerado porque foge à obrigatoriedade de ser executado o melhor lance e não um erro primário que permite Db7++ no 2º lance.

O DEMOCRATA, 1933

a) 1.Bh5,Rd5; 2.Bf3,Rd6; 3.Te6++

CORREIO DA MANHÃ, 1931

a) 1.Ba7,Rb5; 2.Tc2,Ra5; 3.Tc5++

b) 1. Ba7,Rb5; 2.Tc2,a5; 3.Bf1++

c) 1.Ba7,gxh3; 2.Tc2, as Ngrs movem; 3.Tc5++

GAZETA ISRAELITA, 1931

a) 1.Ta4,c4; 2.Rc3,Rxe4; 3.Txc4++

SELEÇÕES RECREATIVAS, 1967

a)1.Dd2,c3; 2.Da2+,c4; 3.Da5,c5; 4.Da8++

a) 1.Dd2,e3; 2.Dg2+,e4; 3.Dg5+,e5; 4.Dg8++

a) 1.Dd2,d3; 2.Dc3,e3; 3.Bxd3,cxd3; 4.Dxd3++

a) 1.Dd2,d3; 2.Dc3,e3; 3.Bxd3,e2; 4.Dxc4++

a) 1.Dd2,d3; 2.Dc3,e3; 3.Bxd3,e4; 4.Bxc4++

ÍNDICE DE ABERTURAS

REFERÊNCIAS

BECKER, Idel. *Aberturas e Armadilhas no Xadrez.*10.ed. São Paulo: Nobel, 1982.

BECKER, Idel. *Manual de Xadrez.* 2. ed. São Paulo: Bestseller,1965.

BEIM, Valeri. *Como Calcular as Táticas do Xadrez.* Rio de Janeiro: Ed. Ciência Moderna, 2008.

BEIM, Valeri. *Como Jogar um Xadrez Dinâmico.* Rio de Janeiro: Ed. Ciência Moderna, 2008.

BEIM, Valeri. *Lições de Estratégia no Xadrez.* Rio de Janeiro: Ed. Ciência Moderna, 2008.

BOROVSKY, Eugenio Znosco. *Moderna Técnica de Abertura no Xadrez.* São Paulo: Liv. Exposição do Livro, (?)

BURGESS, Graham. *101 Aberturas Surpresa no Xadrez*: Rio de Janeiro: Ed. Ciência Moderna, 2008.

CABRERIZO, Luiz. *Manual de Xadrez.* São Paulo: Brasil Editora, 1937.

CAPABLANCA, José Raul. *Ajedrez Fundamental.* Madrid: Ricardo Aguilera, 1954.

CAPABLANCA, José Raul. *Lições Elementare de Xadrez.* São Paulo: HEMUS, 1972

CAPARRÓS, Rogelio. *Las Partidas de Capablanca.* Arcelona: Martinez Roca, 1993

CARVALHO JUNIOR, Flavio de. *Iniciação ao Xadrez.* 5. ed. São Paulo: Summus, 1982.

COSTA, Waldemar. Epopeia do Campeonato Brasileiro de Xadrez – 1927-2008.Santana de Parnaiba: Ed. Solis, 2009.

D'AGOSTINI, Orfeu G. *Xadrez Básico.* São Paulo: Ed.Difusora Cultural, 1955.

GIDDINS, Steve. *50 Maneiras de Vencer no Xadrez.* Rio de Janeiro: Ed. Ciência Moderna, 2008.

GIL, José Manuel y MAGEM, Jordi. *Test del ajedrecista.* Bardelona:Ed. Martinez Roca, 1992.

GLIGORIC, S. *Los Campeonatos del mundo de Botvinnik a Fischer.* Barcelona: Ed. Martinez Roca, 1974.

GONZÁLEZ, José Maria. *...y ahora Bobby Fischer campeón del mundo.* San Sebastian: Gráficas BAS,1972.

KASPAROV, Garri. *Iniciação ao Xadrez*: Lisboa: Editorial Presença, 1988.

LASKER, Edward. *A Aventura do Xadrez*. São Paulo: IBRASA,1962.

LASKER, Emanuel. *El Sentido Común en Ajedrez*. Barcelona: Ed. Martinez Roca, 1975.

LASKER, Emanuel. *Iniciacion al Ajedrez*. Madrid: Ricardo Aguilera Editor, 1972.

MORÁN, Pablo. *Los Campeonatos del mundo de Steintz a Alekhine*. Barcelona: Ed. Martinez Roca, 1985.

MÜLLER,Karsten; LAMPRECF T, Frank. *Segredos dos Finais de Peão*. Rio de Janeiro: Ed. Ciência Modt na, 2008

PANOV, Vasili N. *Capablanca*. Barcelona: Ed. Martinez Roca, 1973.

PERSITS, Boris. *La Estructura de Peones Centrales*. Barcelona: Martinez Roca,1984.

POLGÁR, László. *CHESS training in 5333 + 1 positions*. Hungria: Könemann, 1994.

REINFELD, Fred. *Ataque e Contra Ataque no Xadrez*. São Paulo: Ibrasa,1962.

RETI, Ricardo. *Curso Superior de Ajedrez*. 2. ed. Buenos Aires: Libreria de A. Garcia Santos,1930.

REZENDE, Sylvio. *Xadrez na escola*. 2. ed. Rio de Janeiro: Ed.Ciência Moderna, 2013.

REZENDE, Sylvio. *Xadrez Pré escolar*. Rio de Janeiro: Ed.Ciência Moderna, 2005.

SEGAL, Alexandru Sorin. *Fundamentos de Tática*. São Paulo: Ed. Columbia, 1982.

SONNENFELD. *Cem Problemas de Joaquim Valadão Monteiro*. Rio de Janeiro: FMX, 1971.

SPIELMANN, Rudolf. *El Arte del Sacrificio en Ajedrez*.Barcelona: Ed.Martinez Roca,1983.

TARTAKOWER, Savielly. *Ideas Modernas em las Aperturas de Ajedrez*. Buenos Aires: Ed. Sopena Argentina, 1967.

VALLADÃO MONTEIRO, Joaquim. *Problemas de Xadrez*. Rio de Janeiro: Tecnoprint,1968.

WINKELMAN, Barnie. *Arte no Xadrez Moderno*.São Paulo: HEMUS, 1972.

Y. AVERBACH. *Xadrez* – Teoria dos Finais de Partida. 3. ed. Lisboa: Editorial Presença,1987.

Impressão e acabamento
Gráfica da Editora Ciência Moderna Ltda.
Tel: (21) 2201-6662